A LA COUR DE FEZ.

LA MISSION BELGE DE 1904

Cte Conrad de Buisseret

MINISTRE DE BELGIQUE AU MAROC.

A la Cour de Fez

La mission belge de 1904

UN DESSIN ET 52 PHOTOGRAPHIES HORS TEXTE

BRUXELLES

GOEMAERE, IMPRIMEUR DU ROI, ÉDITEUR

21, rue de la Limite, 21

1907

Une tortue essaya pendant cent ans de grimper sur la marche d'un escalier. Au bout d'un siècle, elle y parvint : mais dans sa joie, elle fit un mouvement brusque, et retomba sur le sol. La tortue dit alors : « Dieu me punit de m'être trop hâtée ».

(APOLOGUE ARABE.)

AVANT-PROPOS.

Lorsque la mission belge partit pour Fez, il y avait plus de dix ans qu'aucune ambassade n'avait pris la route de la capitale chérifienne.

Bientôt, sans doute, les conditions à la fois difficiles et pittoresques dont s'entoure encore un voyage à la cour marocaine auront rejoint les souvenirs du passé. Alors, on s'émerveillera de ce que, au début du XXe siècle, rien ne fût changé dans le Moghreb depuis les temps dont l'ambassade de François Ier nous a laissé la description.

Peut-être nos enfants trouveront-ils à la lecture de ce journal de route le charme un peu mélancolique des choses disparues.

Et dès aujourd'hui, les regards se fixent avec une curiosité hâtive sur ce vieux Maroc menacé d'une transformation prochaine, — comme sur ces paysages dont la beauté n'est jamais si pénétrante qu'à l'heure du crépuscule.

C. B.

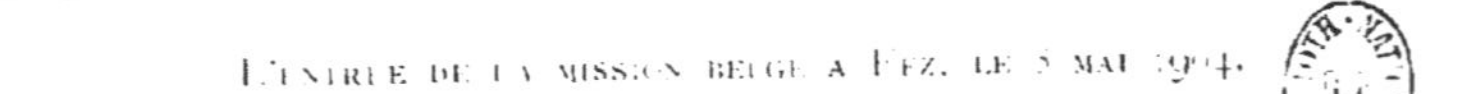

L'ENTRÉE DE LA MISSION BELGE A FEZ, LE 5 MAI 1904.

La Légation de Belgique a Tanger.

I

LES PRÉPARATIFS. — LES MEMBRES DE LA MISSION. —
LE DÉPART. — HORS DES LIMITES DU TEMPS. — LE
PREMIER CAMPEMENT. — NUIT D'AFRIQUE.

La grande plaine sablonneuse, pelée, du Marshan, d'où
dégringole presque à pic vers la Méditerranée la côte rocheuse
hérissée d'aloës et de cactus. C'est le point le plus élevé de la
ville, ce plateau presque toujours balayé par le *Charki* ou
vent d'Est, grâce auquel Tanger est la plus salubre des cités
marocaines. C'est aussi de là que s'aperçoit de plus près la
côte espagnole et, par le temps clair, le grand lion couché
de Gibraltar. Le Marshan est l'œil-de-bœuf du Moghreb sur
l'Europe, — et cela rend plus bizarre, plus « décor de
théâtre », ce camp qui vient de s'abattre là-haut, et grouille
comme une fourmilière. Un camp du moyen-âge. Voyez
cette bande de chevaux à tous crins, attachés à des piquets ;
ces troupeaux de mules, dont on vient de jeter bas les fardeaux. Des hommes circulent, coiffés de bonnets rouges
pointus : ceux-là sont les soldats du Sultan. Les autres sont
les palefreniers, les serviteurs préposés aux tentes : foule
grouillante en *djellabas* couleur de muraille. Beaucoup de
petites tentes coniques ; quelques-unes hautes et larges, avec
leurs rangées d'applications régulières en drap bleu foncé,
représentant des flacons ou des pyramides à degrés : emblèmes
très antiques, immuables, de l'hospitalité et de la sécurité.
L'une appartient au caïd Er Raha, chef du camp ; d'autres,
vides encore, attendent leurs occupants, les personnages que

toute cette *mahalla* vient chercher, pour les conduire à **Fez,** où ils seront les hôtes du Sultan.

Très lentement, un peu d'ordre se fait dans ce village mobile, dont le repos de plusieurs semaines va sembler un paradis à tous, hommes et bêtes, éreintés, maigris, après quinze jours de caravane. Plus de tentes à dresser tous les soirs, à replier tous les matins. Plus de paquetages à faire et à déballer deux fois par jour. Plus de coups de bâtons s'abattant en pluie sur les croupes efflanquées des mules, et souvent sur les échines dociles des hommes de corvée. Du beurre pour cicatriser les plaies des animaux, du *kif* pour endormir la souffrance des hommes. Quelques jours de repos et d'oubli; et puis recommencera la rude tâche quotidienne, la marche pesante et résignée vers Fez, infiniment aggravée cette fois par l'encombrant bagage, les exigences et l'étiquette d'une mission diplomatique en voyage officiel.

L'arrivée de la *mahalla*, ce matin, a produit quelque remue-ménage sur le *Soko* ou grand marché de la ville. Les touristes anglais ou américains, écarquillant les yeux, ont vu passer les caïds en blancs burnous, trottinant sur leurs petits chevaux poussiéreux, et l'interminable file des bêtes de somme avec leur cargaison de tentes pliées. Même les vendeurs indigènes, accroupis dans leurs misérables échoppes volantes, ou sur leurs nattes posées à terre; les badauds, assis, formant un cercle encapuchonné autour d'un conteur d'histoires; les chameliers, faisant reculer leurs dromadaires, ont regardé, avec une curiosité respectueuse, l'étendard rouge surmonté d'une boule de cuivre, « le drapeau du Sultan », précédant la colonne poudreuse qui vient de déboucher par « le chemin de Fez ».

Depuis plus de dix ans, aucun ministre étranger n'avait été reçu par le sultan du Maroc à Fez. Aussi le départ imminent d'une ambassade devait-il impressionner les indigènes de Tanger, ceux-là surtout qui pouvaient invoquer un prétexte quelconque pour être du voyage. Si tout bon musulman doit aller à la Mecque une fois dans sa vie, tout bon Marocain caresse le rêve de contempler un jour les minarets de Fez, la cité sainte de Muley Idriss, la résidence usuelle du Sultan, lui-même le seul monarque qui descende directement du Prophète. Ajoutons-y, dans le cas présent, le prestige enfantin dont s'entoure un Arabe, aux yeux de ses compatriotes, par le seul fait d'avoir accompagné, fût-ce à titre d'aide-cuisinier, une ambassade européenne; les profits pécuniaires considérables escomptés de ce chef, grâce au « coulage » que suppose l'énorme quantité de vivres fournie chaque jour à la mission par le gouvernement chérifien.

Les préparatifs de tous genres occupèrent plusieurs semaines: échanges de vues avec les autorités marocaines, choix du personnel inférieur, domestiques, cuisiniers, palefreniers, maréchaux ferrants, menuisiers, — objet d'une minutieuse sélection. Bien des joies bruyantes et d'amères déceptions agitent toujours la petite fourmilière humaine qui grouille, en pareil cas, autour d'une légation.

Le gouvernement belge a délégué le capitaine d'artillerie H. Denis et le lieutenant des guides vicomte Jolly pour compléter la mission, avec M. W. Serruys, vice-consul drogman, et l'aide-interprète, M Barugel. Deux autres Belges, le sénateur Grimard et le docteur A. Tacquin, suivent l'ambassade sans caractère officiel. Enfin, deux amis personnels, l'un Anglais, l'autre Américain, nous accompagnent jusqu'à Fez.

Le jour du départ est arrivé. A dix heures du matin, les délégués du Sultan et mes compagnons de voyage se réunissent à la légation de Belgique. Nos officiers sont en tenue de campagne, les civils en tenue coloniale. Nous montons jusqu'au Marshan. Il n'y a plus de camp, rien qu'un énorme cercle pelé, piétiné, sillonné, creusé, comme par le passage d'une bande de sangliers. Les tentes, les piquets, les nattes, les ustensiles de cuisine, tout le bagage peu compliqué mais encombrant de ces sémites restés nomades, s'empilent, en énormes excroissances, sur le dos des mules étiques. D'autres mules — soixante environ —, portent des fardeaux plus réguliers de forme qui, çà et là, révèlent des exigences de confort européen. C'est le bagage de la mission : matelas roulés, tables et chaises pliantes, vaisselle, provisions de bouche pour deux mois et bien des choses encore. Des cris, des appels, des courses après un animal qui s'échappe, des coups de bâton sur quelque bête de somme qui trouve son fardeau trop lourd. Et, par-dessus cette scène de migration d'un autre âge, l'éclaircie du Marshan sur la mer montre la silhouette de Gibraltar, laisse deviner des yeux l'Europe du XXe siècle... Et l'on sourit malgré soi. Toute cette primitive et laborieuse organisation de voyage paraît presque irréelle, inutile, une simple reconstitution faite pour le plaisir, comme en certains cortèges historiques. Est-il possible que ceci ne soit pas un jeu d'artistes ou de poètes ? A nos portes, en rapports séculaires et quotidiens avec notre continent, quelle est l'explication de ce grand empire sans chemins de fer, ni télégraphes, ni routes, quand, jusque dans les profondeurs du Paraguay, je me suis heurté, avec agacement, à une voie ferrée et à un téléphone ? C'est ce que je pardonne le moins à notre siècle, cette menace d'universelle civilisation, ne laissant demeurer que par grâce et comme une anomalie, en de rares recoins du monde, la beauté naturelle. Ne devrait-il pas logiquement y avoir un chemin de fer d'ici à Fez ? Ou encore : cette conviction que le premier venu, avec une pile électrique et quelques fils, peut éclairer une forêt vierge, ne suffit-elle pas à gâter le charme de la plus

LE DÉPART DE LA MISSION.

La mission en marche

Le camp.

belle nuit tropicale? Dans cet ordre d'idées, le possible équivaut presque au réel...

Notre caravane s'ébranle, précédée de l'étendard chérifien et des vingt *caïds* (officiers formant l'escorte), leurs burnous blancs flottant à la brise, leurs carabines posées sur le drap rouge de la selle. Chevauchant de belles mules, — la monture de tous les fonctionnaires civils, y compris les vizirs, — les représentants du Sultan à Tanger encadrent mon cheval gris, propriété du Souverain. Les autres Européens, membres de la mission et invités, montent aussi, pour la plupart, des étalons qu'on nous a envoyés de Fez. Soldats de la légation, domestiques, palefreniers, valetaille du camp, mules de charge, suivent en une longue, longue ligne ondulante. Peu de bruit, à peine un bourdonnement s'élève de cette foule, calme et silencieuse comme toute foule musulmane. Des diplomates, quelques résidents de Tanger, nous accompagnent. Aux balcons, et parmi la foule indigène qui encombre le marché, des photographes et des touristes braquent leurs appareils.

Un tronçon de rue formé de boutiques arabes amorce la « route de Fez » ou, pour mieux dire, la direction de Fez. Car déjà ce n'est plus, au bout de cent mètres, qu'un boyau sablonneux, bientôt disparu dans l'imprécise uniformité de la campagne marocaine. Parmi les forêts vierges de l'Amérique méridionale, des passages tracés par les animaux sauvages indiquent une direction. Mais cette contrée ne se prête point à la formation de chemins, ni même de sentiers. Le sol est libre, presque sans culture : pourquoi marcher ici plutôt que là ? Ni champs à respecter, ni obstacles naturels à contourner, ni point précis à atteindre, sauf ce Fez très lointain où l'on ne va guère. Les paysans arabes n'ont pour but de marche que les huttes ou les groupes de chaumières disséminés sans ordre, très éloignés les uns des autres.

Parents et amis qui nous ont accompagnés loin de la ville nous disent adieu : ils retournent vers Tanger, qui disparaît à l'horizon... En même temps s'évanouit le dernier lien qui, par les yeux, nous rattache à l'époque où nous vivons... Pour qui conçoit fortement, comme moi, la relativité du temps, « l'imprécision » des contrées que les siècles n'ont marquées d'aucun signe, évoque des sensations indéfinissables : quelque chose qui est à l'esprit comme serait aux sens l'affranchissement de la pesanteur. Or moins qu'en toute autre région de la terre, peut-être, il n'y a rien, dans cette grande région presque déserte qui sépare les cités sans âge du Maroc, ni dans les hommes, ni dans les choses, à quoi rattacher l'idée de changement, de succession, dont le concept temps est formé, et sans la trace visible de laquelle le temps est comme s'il n'était pas.

Ce qui m'a le plus profondément frappé, en Égypte, c'est, après une visite au *Serapeum*, cette colossale sépulture des bœufs Apis, creusée dans le roc, d'avoir lu les impressions de Mariette-Bey, pénétrant, le premier depuis le règne de Ramsès II, dans une chambre mortuaire de ces sépultures, qu'il eut le bonheur de découvrir. Il y trouva des traces de pieds nus nettement marqués sur le sable du sol, — empreintes laissées par les hommes qui, 3,700 ans auparavant, étaient sortis de cette chambre et y avaient muré le cadavre d'un bœuf Apis. Depuis les jours d'Isaac et de Jacob, depuis une époque antérieure à la naissance de Moïse, ni un souffle de vent, ni une goutte d'eau n'y étaient entrés qui eussent pu déplacer ce sable fragile. Le temps non plus n'y était pas entré..

Et nous voici au terme de notre première journée de marche, à El-Knaoui, où le campement nous attend, disposé suivant un ordre invariable fixé pour toute la durée du voyage.

Une vaste ellipse aux sommets de laquelle se dresse la tente du ministre, surmontée d'une énorme boule de métal (l'insigne du commandement), et la grande *outak* (1), qui sert à la fois de salon et de salle à manger. Entre ces deux pièces de résistance s'alignent, d'un côté, les tentes du capitaine Denis, du lieutenant vicomte Jolly, de MM. Serruys et Barugel; de l'autre, celles de M. Grimard, du Dʳ Tacquin, de M. H. Philip et de M. T.-B. Wirgman. A côté de ma *kouba*, flotte le drapeau national, qu'on amène au coucher du soleil. Derrière se trouvent les tentes des *khavass* ou soldats de la légation, des palefreniers, et tout à côté, mes chevaux sont attachés. Dans le cercle extérieur, enfin, les caïds d'escorte et tout le personnel subalterne. Un cône de toile plus imposant abrite le *Caïd er Raha*, ou chef de la Mahalla. C'est un beau vieillard à la barbe de neige: quelque chose de particulièrement majestueux caractérise son geste, rare et lent, la forme de son turban, les plis de sa djellaba. Pour un peintre, ce serait le modèle par excellence du Melchisédech. A lui incombe la responsabilité de veiller constamment sur la mission du Roi. Son grade élevé n'exclut point d'ailleurs des goûts pacifiques. En route, il monte une mule et s'excuse auprès de moi de ce que sa santé ne lui permette pas le cheval. L'entrée de sa tente est gardée par deux canaris dans leurs cages.

Ce premier soir, l'activité du camp, non encore réglée par l'expérience, laisse percer quelque désordre : mais chacun travaille sans relâche. Les valets de chambre ouvrent les malles, meublent les tentes, dressent les lits, étendent les tapis. Les cuisiniers et leurs aides déballent fourneaux, casseroles, caisses de conserves. Les palefreniers dessellent les chevaux,

---

(1) L'*outak* est une tente de forme allongée; la *kouba* est ronde, verticale jusqu'à un mètre du sol, et se termine en cône.

dont les uns sont attachés à des piquets, d'autres simplement
entravés. Les officiers ont accepté la mission, l'un de surveiller
le dressage des tentes, l'autre de présider à la police du camp.
Un gong sonnera les heures du lever et des repas. Aujour-
d'hui, c'est la répétition générale; demain, tout marchera
sans encombre.

Le premier dîner s'achève gaiement. Peu à peu, chacun se
retire dans sa tente : mais dans un camp marocain, le
« silence de la nuit » n'est qu'un vain mot. Car aux hennisse-
ments des chevaux, aux aboiements des chiens se mêle le
bourdonnement monotone et continu des conversations qui,
pendant des heures encore, se prolongent devant les tentes des
indigènes. Accroupis en petits groupes autour d'une marmite
de thé vert à la menthe, rallumant sans cesse leurs pipes
minuscules de *kif* (chanvre haché), soldats et palefreniers
semblent mettre leur amour-propre à résister le plus longtemps possible au sommeil. Et quand, bien après minuit, le
murmure des voix gutturales, devenu de plus en plus rare, s'est
éteint tout à fait, et qu'enfin la mahalla paraît endormie, —
soudain s'élève un appel, clair et strident, qui, répété de
bouche en bouche, fait le tour du camp. C'est un nom, un
mot quelconque, choisi au hasard, lancé par une sentinelle
pour s'assurer que ses compagnons veillent : ceux ci doivent
le lui renvoyer aussitôt. « Oh! Mohamed!... Mohamed...
Mohamed... » Pour un quart d'heure, tout se tait : puis une
nouvelle clameur : « Bashadour! .. Bashadour... Bashadour... »

Ma tente est une kouba très spacieuse, appartenant au frère
du Sultan. L'intérieur est formé de bandes de drap épais,
alternativement vertes et rouges, séparées par des galons, et
montant en pointe jusqu'au faîte. Une sorte de vérandah,
également en drap, forme un avant-corps ouvert le jour, et qui

se replie la nuit. Ameublement sommaire : un lit de camp, un lavabo, une lanterne, une petite table, un fauteuil pliant, une natte couvrant une partie du sol. Pour le reste, un tapis vert et soyeux, une herbe douce piquée çà et là de petites fleurs, ces fleurs fines et infiniment variées de couleur qui, en cet exquis avril marocain, sèment par millions la campagne, à perte de vue.

Ne souriez pas : une personnalité nouvelle ressuscite en nous à de rares intervalles, chaque fois que — dépouillant comme un manteau les conventions et les conforts de la vie moderne, vieux seulement de quelques siècles, — nous reprenons l'existence nomade qui fut, tant de milliers d'années, celle de nos ancêtres. Ce « moi de rechange », endormi seulement et parfois réveillé, n'est si bienvenu que parce qu'il permet à l'homme de se relayer lui-même, après le labeur monotone d'une époque trop facile et banale. En lui renaissent et s'agitent obscurément mille sensations abolies par le progrès des générations successives, la mémoire atavique d'une humanité jeune et libre, la nostalgie de ce que furent si longtemps les hommes et les choses avant l'enlaidissement de la terre. Des ressouvenirs montent en moi de nuits semblables passées jadis sur les sommets des Carpathes, plus tard dans les forêts vierges du Brésil, puis sous la tente des Indiens Lenguas, dans les forêts du Gran Chaco, au Paraguay; l'année dernière enfin, lors d'un autre voyage par terre de Mogador à Saffi et à Mazagan, et de Casablanca à Rabat.

II

LES QUATRE PREMIERS JOURS. — RENCONTRE DE LA
MAHALLA. — SACRIFICES. — DEVANT EL KZAR. —
LA *MOUNA*. — LE MAUVAIS CAÏD ET LES BONS CAÏDS.
— FANTASIAS.

De bonne heure, le lendemain, notre camp s'éveille : le gong
résonne. Divisés par équipes, les hommes de peine se mettent
à la tâche. Sous l'effort de cent bras noirs et musclés sortant
des djellabas aux plis antiques, les tentes s'abattent, les paquetages se forment : appels et cris se croisent, enflés parfois soudainement en une clameur de dispute qu'ont vite calmée les
chefs de groupes, armés, par l'arbitraire faculté de la bastonnade, d'un pouvoir redouté. Les voilà chargées, nos soixante
bêtes de somme : elles se mettent en route, pliant sous les fardeaux leurs pauvres échines meurtries. Une heure plus tard,
mules et muletiers ont disparu derrière les plis du terrain.
Notre escorte et son porte-étendard, alignés, le fusil haut,
attendent le signal : nous nous mettons en selle.

La cavalcade, d'abord compacte, devient plus flottante à
mesure que les aspérités du sol, les ravins, la fatigue d'une
monture sèment la route de quelques retardataires. Le passage de l'*Akb el Hamra* (la montagne Rouge), repaire classique de brigands, puis d'une large rivière, sont les incidents
pittoresques de cette matinée. A l'ombre d'un grand arbre, la
tente du déjeuner nous attend. Une étape encore, et voici que
se dessinent au loin les silhouettes de deux camps voisins.

Celui de gauche est le nôtre ; celui de droite, la *mahalla* envoyée en avant-garde, par ordre du Gouvernement, pour assurer la sécurité de la route, — et qu'accompagne en personne le
gouverneur ou pacha de Tanger. Le *khalifa* de celui-ci vient
à notre rencontre avec une escorte de cavaliers. Mais où est le
pacha? Il envoie ses excuses, retenu dans sa tente par une
indisposition. Maladie ou simple paresse? C'est un accroc à
l'étiquette traditionnelle en semblable circonstance. Un émissaire officieux est chargé d'aller exprimer au gouverneur le
plaisir qu'on aurait à le voir. Il arrive aussitôt, campé sur sa
belle mule, un peu dolent à la suite d'un accident sans gravité,
mais au surplus, rose et souriant, et l'on échange les compliments d'usage. Cette halte-ci s'appelle *Had el Gharbia*.

Au dehors, un brouhaha vient interrompre le dîner sous la
tente. A l'entrée se presse une députation : il faut aller voir.
Ce sont les délégués de tribus voisines, tous pareils, impersonnnels, avec leur teint brun, jambes brunes sortant des djellabas
brunes, corde brune en poil de chameau entourant la tête
rasée. Ils forment un demi-cercle autour d'une vache, étendue
sur le gazon, la carotide tranchée. La pauvre bête se débat
dans une mare de sang, martèle la terre de ses sabots ; mais il
n'est pas permis de l'achever : il faut la regarder mourir. Ainsi
le veut le rite des sacrifices qui, le long de la route, appuient
les requêtes adressées à tout Bashadour en voyage vers la résidence impériale. Usage antique comme le monde et comme le
cœur de l'homme — d'une souffrance offerte pour la guérison
d'une autre souffrance, du sang versé pour appeler la miséricorde, non sur la victime, mais sur le sacrificateur. Suivant
la tradition, le regard arrêté sur la bête palpitante signifie que
la supplique est agréée.

« Nous avions », me disent les émissaires, « un caïd (chef de
» tribu), qui nous pressurait, prenait nos vies et nos biens :

» le Gouvernement l'a remplacé par deux caïds, excellents ceux-
» là ; mais le mauvais a racheté sa renomination à prix d'ar-
» gent. Il est en ce moment à Arzila, dont il est aussi gouver-
» neur, et n'ose en sortir, craignant la vengeance de ses an-
» ciens administrés. Faites qu'il ne revienne pas et que nos
» chefs actuels soient maintenus. » — « C'est bien. La requête
» sera transmise au Sultan. »

Le lendemain matin, accompagnés jusqu'au territoire voisin
par le pacha de Tanger et sa suite, nous faisons halte pour
déjeuner à Sid el Yamany. Une seconde députation renou-
velle en route le sacrifice et la pétition de la veille. L'arrivée le
soir au camp se fait avec le cérémonial ordinaire. Escorte et
porte-étendard se rangent à gauche de la tente du ministre, à
côté du mât où flotte le drapeau belge : les soldats de la légation et les domestiques s'alignent en face.

Et le jour suivant, c'est une troupe de cavaliers qui vient au-
devant de nous, commandés par deux chefs graves, barbus,
majestueux, encapuchonnés de blanc. Ceux-ci sont les deux
caïds en personne, pour le maintien desquels le sang de
deux vaches a déjà rougi l'herbe de la route. Nouvel échange
d'explications et de promesses. Le cortège se grossit, dans
l'après-midi, du gouverneur d'Elkzar et d'une troupe nombreuse de soldats à cheval sortis de la ville pour nous recevoir.
Nous trottinons dans une immense pelouse sans guère de sentiers visibles. La masse claire de tous ces burnous ondule et
flotte dans la plaine : les pas légers de tous ces chevaux marocains font sur le gazon comme le passage grondant, assourdi,
d'un régiment en campagne. Rien n'arrête la vue jusqu'à la
lointaine et blanche ville d'Elkzar, détachée tout au fond sur
les collines bleuâtres, bien délimitée, ceinturée de murs
défensifs, — telle une petite ville du moyen-âge, ou mieux, de
l'antiquité. Entourée de vastes pelouses incultes, que piquent

La tente du ministre.

La tente du ministre.

L'ARRIVÉE DE LA « MOUNA »,

L'ENTRÉE D'ARZILA.

de rares personnages en djellabas incolores, j'imagine ainsi
les approches de ces glorieuses et solitaires bourgades hellé-
niques, si grandes aujourd'hui par l'élargissement de leur
faisceau lumineux sur les âges.

Du camp, un bouquet de cactus nous cache en partie la
ville. A mi-chemin, le dôme d'une *msallah* (lieu de prière),
fait une tache blanche sur l'herbe verte qui s'étend jusqu'aux
remparts. Une procession d'hommes vêtus de blanc émerge
des portes d'Elkzar et vient vers nous. Ils marchent lentement, portant sur leurs têtes des tabourets de bois où sont
posés de grands plats que surmontent d'énormes cloches coniques en sparterie multicolore. Les tabourets sont alignés sur
le sol, les couvercles enlevés, révélant des ragoûts gargan-
tuesques, fort appétissants pour la plupart C'est une *mouna*,
— tribut en nature que, de temps immémorial, les popula-
tions marocaines sont accoutumées d'offrir aux hôtes du
Sultan. Depuis quelques années, la corvée s'est adoucie :
lorsqu'il s'agit d'un voyage d'ambassade, l'officier de bouche
adjoint au camp achète tous les jours, en cours de route, les
vivres nécessaires Il en résulte un supplément de dépense
considérable pour le gouvernement marocain, mais au moins
la table des voyageurs est toujours abondamment pourvue.
Cela n'empêche pas les habitants de la région de manifester
leur bon vouloir par l'offre d'une *mouna* supplémentaire, à
titre gracieux. Il m'est arrivé même, voyageant sur la côte, de
me voir amener par une députation de villageois du bétail
sur pied.

L'hospitalité, cette vertu naturelle des races primitives, est
encore fortement enracinée chez le peuple marocain. J'ai pu
l'éprouver en maintes circonstances, et notamment un jour
que, revenant de la chasse au sanglier, je m'étais perdu dans
la campagne. Depuis des heures, j'errais à l'aventure. La nuit

tombait : mon cheval était à demi mort de fatigue, et je ne valais guère mieux. Dans l'obscurité, je me heurtai à un paysan arabe qui, sans phrases, me conduisit vers sa hutte. Sa femme et sa fille me régalèrent d'œufs et de lait. Lui-même poussa le dévouement jusqu'à me couvrir de son unique *djellaba*, et veilla jusqu'au matin pour entretenir à côté de moi un tison allumé.

...Visites des agents consulaires de France et d'Angleterre. Après eux, un Arabe, grand et fort — physionomie dure et cruelle, — pénètre dans le camp et vient à moi ; je le fais entrer dans ma tente. Politesses d'usage. « Je suis », dit l'inconnu, « le gouverneur d'Arzila. Des gens de la tribu de *** ne vous » ont-ils pas offert des sacrifices ces jours derniers ? » — « Mais » oui » — « Que vous ont-ils demandé ? » — « Pourquoi vou- » lez-vous le savoir ? » — « C'est que je suis, moi, leur nouveau » caïd : le gouvernement de cette tribu m'appartient de droit. » Le Sultan me l'a donné. » Longues explications suivies d'invectives envers ses administrés. « Ils vous ont demandé, » n'est-ce pas, de me faire destituer ? » Ce fils de l'Islam ne dé- guise pas ses interrogations sous des fleurs de rhétorique. Je le regarde avec étonnement et je ne réponds rien. Comme il répète sa question, je lève la séance.

Mais voici que, vengeur et courroucé, le vieux caïd er Raha, chef de l'escorte, s'élance et cueille le soupçonneux gouverneur à la sortie de ma tente. « Qui t'a permis de parler au » Bashadour ? » — « Lui-même. » — « Ne sais-tu pas qu'il fal- » lait d'abord te faire annoncer par moi ? Tu as cru tromper » ma surveillance : eh bien, tu es mon prisonnier. » Et le fidèle gardien fait mine d'emmener le caïd. Après bien des pourpar- lers, il finit par se laisser fléchir et, tout grommelant encore, avec un dernier geste de menaces, congédie le digne fonction- naire, qui s'éloigne à grands pas.

Quelques mois plus tard, mon indiscret visiteur, enlevé par le Sultan à l'affection de ses tribus, mais resté caïd de la ville d'Arzila, recevait une députation d'indigènes révoltés par son injustice. Au cours d'une scène violente, le gouverneur prit un fusil, mit en joue l'un de ses interlocuteurs et l'étendit raide mort. Puis, pour échapper à la vengeance des autres, il sauta par la fenêtre, mais se cassa la jambe en tombant. Il fut aussitôt massacré.

Nous revoyons le lendemain les deux « bons caïds », accompagnés d'une escorte assez nombreuse. Toute la matinée se passe en *fantasias* qu'ils exécutent à côté du camp pour nous faire honneur. Pendant des heures, passent incessamment sur la grande plaine voisine ces cavaliers barbus, debout sur leurs étriers, alignés au galop, enveloppés de poussière et de fumée. Les blancs burnous, claquant au vent de la course, révèlent au passage les couleurs tendres des longues tuniques aux larges manches. Certains tons, bleu-paon, vieux rose, vert clair, jaune pâle, évoquent des tentures de boudoirs Louis XV échappés à la restauration des tapissiers modernes.

Merveilleux aussi, les caparaçons et les selles lourdement brodés d'or sur un fond de velours ou de soie, choisis, semble-t-il, pour faire valoir la robe du cheval qui les porte : or et cerise sur un barbe tout noir; or et violet sur un bai; or et vert clair sur un gris pommelé. Les cavaliers ont, pour l'occasion, sorti leurs plus belles montures.

Les groupes s'alignent, d'abord rassemblant leurs chevaux qui piaffent, les lâchant ensuite en un effréné galop. Une clameur, une salve de longs fusils déchargés : les guerriers s'écartent pour rebourrer leurs armes, et d'autres les relaient aussitôt. Non moins infatigables, des joueurs de tambourins et de flûtes — les flûtes des bergers arcadiens, — n'ont pas interrompu leur concert depuis l'aurore.

Nous nous retirons pour déjeûner, mais le « jeu de la poudre » continue sans relâche. Dans l'après-midi, j'envoie remercier les chefs, et la fête prend fin.

Départ en cortège pour visiter Elkzar ; c'est bien là l'une de ces petites cités fantastiques du Moghreb, endormies sous une couche de poussière et de verdure. De l'herbe aux crevasses des maisons sans fenêtres, aux crêtes des murailles, aux sommets des arcades qui barrent les ruelles sombres. Çà et là, un minaret carré, que surmonte toujours un nid de cigogne. Passages étroits, obscurcis par des plafonds à claire-voie supportant des nattes pour écarter le soleil : échoppes minuscules, fontaines, groupes indolents, odeurs d'égout, bouffées de parfums. Partout le désordre, le pittoresque, l'imprévu de ces vieux centres arabes où l'on ne bâtit guère, seulement à mesure des besoins, sans ordre et sans plan : où l'on ne démolit pas, laissant à la vétusté le soin de la destruction.

Après avoir parcouru les couloirs tortueux, encombrés, de ce labyrinthe, nous rentrons au camp le long de la rivière. Voici les sépultures des combattants tués à la sanglante bataille de l'an 1578 (1). Comme on sait, le roi Sébastien de Portugal et le Sultan furent au nombre des morts. Plus de trois siècles ont passé sur leurs tombes : l'Europe d'alors a presque rejoint le moyen-âge, dans le musée des armures, des costumes, des goûts et des idées. Mais si, comme en la vision d'Ezéchiel, les guerriers tombés aux champs d'Elkzar se relevaient tout-à-coup de leurs sépulcres, l'armée de Maures que nous aurions sous les yeux pourrait rentrer dans la ville voisine sans causer la moindre surprise aux habitants. Ni leurs vêtements, ni leur langage ne trahiraient pour leurs concitoyens un retard de trois cent vingt-six années. On croirait

---

(1) La bataille d'Elkzar el Kebir, dite d' « Alcazar Quivir ».

Une fantasia.

Le passage d'un gué.

LE TRANSPORT DU CANON.

Le Docteur Tacquin.

LE PASSAGE DU SEBOU.

sans doute à l'arrivée soudaine d'une mahalla récemment partie de Fez.

Comme nous approchons du camp, voici qu'accourt une femme misérablement vêtue, ployant sous un double fardeau. Elle porte sur l'échine, à la mode arabe, son enfant retenu par une sorte de sac : elle porte dans ses bras un mouton et le dépose à côté de mon cheval, pendant qu'elle embrasse ma botte. Les gens d'escorte la repoussent avec dureté ; mais nous la rappelons pour écouter sa plainte. Son mari l'a renvoyée du logis conjugal ; on l'a aussi dépouillée de tous ses biens. Je la fais venir au campement où des mesures sont prises afin que justice lui soit rendue.

III

PASSAGE DU KOUSS. — TRANSPORT DES PRÉSENTS. —
NOUVELLES DÉPUTATIONS. — PASSAGE DU SEBOU.—
BASTONNADE. — LES EXPÉDITIONS PUNITIVES. —
ENCORE AU MOYEN-AGE. — LE ONZIÈME JOUR : EN
VUE DE FEZ.

Le jour suivant, il s'agit de traverser une rivière, l'El Kouss,
par une ondée diluvienne. Le courant, soudainement grossi,
entraîne tout un troupeau de bétail qui sème la confusion
parmi nos mules de charge. Des indigènes encadrent et sou-
tiennent nos chevaux aveuglés par l'orage, embourbés jusqu'au
poitrail dans l'eau profonde.

Lorsque le Sultan se met lui-même à la tête d'une *harka*
(expédition militaire), ou simplement lorsqu'il voyage d'une
ville à l'autre, le passage des rivières gonflées par les pluies se
fait avec un luxe de précautions grandioses et sauvages que
n'eût point reniées l'égoïsme magnifique des Pharaons ou des
Césars. Monté sur une haute et forte mule, Sa Majesté Chérifienne traverse le gué, tandis que serviteurs et soldats, rangés
en double haie dans le lit du fleuve, forment une vivante
barrière contre la violence des eaux. Il n'est pas rare, dit-on,
de voir un homme, une bête perdre pied et disparaître comme
des cailloux arrachés aux flancs d'une digue.

Heureusement, les tentes sont déjà plantées sur l'autre rive :
mais le dépaquetage pénible sous ce ciel inclément, la pluie
filtrant par les toitures de quelques tentes, nous promettent
une soirée moins confortable que de coutume. Pourtant le

soleil, bientôt reparu, permet d'admirer la beauté du site :
nous campons parmi de hautes herbes abondamment fleuries
d'ail sauvage.

Ce soir, deux de nos compagnons, le vicomte Jolly et le
Dr Tacquin, partent à franc étrier pour Larache, port de la
côte le plus voisin. Ils veulent bien se charger d'une importante
mission : celle d'assurer le débarquement de nos principaux
colis, venus de Tanger par mer, et de leur faire rejoindre le
gros de la colonne. Les présents envoyés, selon l'usage, par le
Gouvernement belge au Sultan étant d'un poids très lourd, on
avait dû les embarquer sur un vapeur jusqu'à Larache. De ce
point à Fez, la route est relativement bonne, et ces messieurs
veilleront à réquisitionner les mules et les chameaux nécessaires.

Nous partons le lendemain pour Dar ben Aoud. La halte
de midi mérite une mention spéciale : c'est un petit bois
d'orangers magnifiques, bordé de prairies où d'invraisemblables
floraisons violettes et jaunes d'or étendent un gigantesque
tapis d'Orient. Ce matin, le caïd du district nous a conduits
jusqu'aux frontières de son territoire : le gouverneur de la
région suivante vient maintenant à notre rencontre avec une
escorte nombreuse. Nouvelles fantasias, nouveau présent de
mouna Et ainsi de suite les jours suivants. Cela fait maintenant partie de la routine quotidienne. Un *goum* qui s'avance,
hérissé de fusils : un caïd qui se détache, main tendue, noir
visage souriant dans l'auréole du capuchon blanc : *Marhabâ-
bik, marhabâbikoum!* (Bienvenu, bienvenus!). Et le cortège
se forme, silencieux, autour de nous.

Nos éclaireurs, MM. Jolly et Tacquin, nous rejoignent le
lendemain; ils ont fait merveille. La plus lourde des caisses
qu'ils ramènent se balance, suspendue entre deux chameaux.
Elle renferme un canon de campagne. Tout va bien. Nous

serons au complet pour franchir le *Sebou*, le grand fleuve aux eaux limoneuses, le roi de la plaine, symbole hostile, obstacle redouté. Je m'étonne que les Romains, établis en Mauritanie Tingitane, n'en aient pas fait un dieu. C'est de lui, ou jusqu'à lui, que se calculent les journées de marche ; c'est lui qui règle la durée de l'expédition. « C'était » la veille du passage du Sebou... Nous avons perdu deux » mules en traversant le Sebou... Nous avons été retenus trois » jours au bord du Sebou... » Ses crues gigantesques ont englouti maint courrier, coupable d'avoir tenté de le franchir à la nage, pour atteindre Tanger quelques heures plus tôt.

Le dieu, pour le moment, est d'humeur accommodante. Nous campons sur les hautes falaises de sable qui surplombent le courant, et dès l'aube commence le long, l'interminable passage de la caravane. Transportés les premiers, dans une large barcasse, nous débarquons à dos d'homme. Puis vient le tour des bagages, des mules et des chevaux. Les bêtes, poussées, frappées, meurtries, s'engouffrent, s'empilent dans deux ou trois grands pontons qui vont et reviennent sans cesse. Toute chute de mulets sur la rive, de caisses dans l'eau, est prétexte à clameurs, à disputes. Les cris, les appels sonores s'entrecroisent jusque par-dessus le large fleuve. Gesticulant, égosillés, les chefs de groupes bousculent leurs hommes ruisselants de sueur. Mais au milieu de cet apparent désordre, chacun travaille sans relâche, et quelques heures suffisent à l'achèvement de la prodigieuse besogne.

Maintenant le glauque Sebou, redevenu désert, se rétrécit et s'éloigne dans la grande nappe sablonneuse, à mesure que nous marchons vers l'étape voisine, Souk el Youmaa, ou « le Marché du Vendredi ». Là s'agite, à cent mètres du camp, une population grouillante venue de tous les points de l'horizon pour la foire hebdomadaire où se font les achats et les

HOMME DE L'ANDGERA PARTANT POUR LE COMBAT.

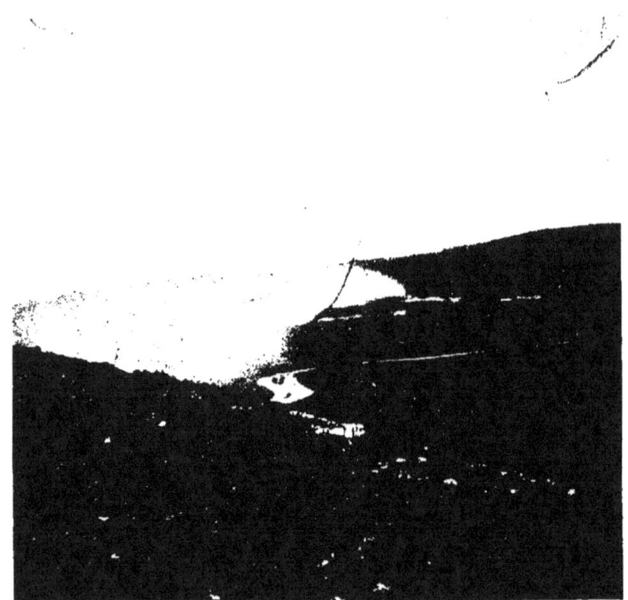

INCENDIE DE « TANIA BALI », AVANT LE COMBAT.

Combat du 15 janvier 1905.

Combat du 15 janvier 1905.

échanges de bétail, de vivres, d'armes et de vêtements. Demain le silence et la solitude régneront de rechef sur la plaine où bourdonne aujourd'hui la foule en djellabas.

Mais qu'est-ce?... Encore une pauvre femme qui vient exposer sa plainte et tenter de sacrifier un mouton. Et ces cavaliers? C'est une délégation des Beni-Hassen. Encore la réception par les autorités locales! Encore des fantasias!

Divers incidents marquent la journée du lendemain. C'est d'abord, à la sortie de ma *kouba*, la vue d'un pauvre diable affalé, geignant de toutes ses forces. Réfugié sous la hampe du drapeau belge, il exhibe d'horribles meurtrissures. Le *caïd el Fragui,* ou caïd des tentes, son chef, géant nègre d'un caractère chatouilleux, a cru devoir lui infliger cinq cents coups de bâton pour impertinence à son égard. Comme punition supplémentaire, il a décidé de l'abandonner en route, car la victime est incapable de marcher. Mérités ou non, les coups ont été reçus : on n'y saurait revenir. Mais en l'honneur du drapeau national, je remets au condamné la seconde partie de sa peine ; on le chargera sur un mulet.

Autre incident : un cadavre rencontré sur la route (le mot « route » est une métaphore), percé d'un coup de poignard. Probablement quelque vendetta, l'un de ces drames à la Corse, anneaux d'une longue chaîne, — tolérés, — que dis-je? imposés par l'usage, et dont ne s'émeut guère un habitant du Moghreb.

Quel spectacle que celui des plaines traversées aujourd'hui ! Déjà, dès les portes de Tanger, nous avions compris qu'en célébrant les floraisons printanières de la campagne marocaine, le romancier Loti n'avait point exagéré l'une des plus rares merveilles dont puisse s'enivrer une âme d'artiste. Ce ne sont pas, comme dans nos Flandres, des fleurs émaillant çà et là les champs d'épis ou les gazons : mais, au milieu de la plaine inculte, voire sur les coteaux grisâtres, des taches éclatantes, énormes traînées de couleurs, comme jetées par un gigantesque pinceau d'aquarelliste habile en l'art de fondre et d'amalgamer les teintes. L'exubérance de ces parterres est telle que l'herbe y disparaît, étouffée. Les exquises fantaisies de couleurs propres aux tapis indigènes ne sont — fait littéralement vrai, — que la copie des modèles incomparables créés par le printemps d'Afrique.

Mais c'est surtout dans le voisinage de Harisha — notre campement de cette nuit —, que la flore marocaine apparaît dans toute sa gloire. Un botaniste s'émerveillerait de voir réunies tant de variétés rares. Pour moi, je me borne à trouver admirables ces champs énormes tout roses, jaunes et bleus, piqués sobrement de points rouges ou blancs.

Troisième incident de la journée : on a perdu mes maillets de polo et mes lances, — ces dernières emportées en vue d'un *pigsticking* possible aux environ de Fez. (En cours de route, il a fallu renoncer à la chasse, car, fort de sa consigne, le caïd er Raha ne prétendait me permettre la poursuite du gibier que précédé de l'escorte et de l'étendard impérial déployé !) Mon valet de chambre et mon palefrenier se rejettent la responsabilité de la faute : « C'est Ahmed qui en était chargé. »   « Oui, » mais Mahomed avait dit hier qu'il les attacherait sur sa » mule. » Pour celui qui les trouvera, les maillets resteront peut-être une énigme ; mais les lances lui paraîtront un cadeau d'Allah. Elles n'ont jusqu'ici percé que les sangliers poursuivis dans les bois et les marais voisins de Tanger. Puissent-elles ne jamais contribuer à de plus sérieux carnages.

Rappelons que les Marocains, comme tous les peuples primitifs, poussent l'amour des armes jusqu'à la passion. Médiocrement braves, point même belliqueux, ils sont néanmoins, par l'état de leur civilisation, exposés à mille occasions de

défendre leurs vies et leurs biens. La principale est l'approche
d'une *harka*, — expédition militaire presque annuellement
dirigée, depuis des siècles, tantôt sur un point, tantôt sur un
autre du territoire, pour affirmer l'autorité du Sultan et recou-
vrer les impôts. Comme la plus grande partie du Maroc est,
en réalité, composée de fiefs presque indépendants, ces opéra-
tions financières et punitives se renouvellent sans fin. Elles
sèment la mort et surtout le pillage, « mangent », suivant le
le terme arabe, un certain nombre de douars, laissant la région
ruinée, complètement épuisée et par conséquent soumise pour
un temps assez long. Muley Hassan, père et prédécesseur de
Muley abd el Aziz, passa de la sorte sa vie dans les camps.
C'est ainsi qu'en Europe, au XIIIe siècle, la souveraineté de
l'Empereur sur tel ou tel point de l'Allemagne exigeait la présence du monarque et cessait en même temps qu'elle.

Il y a cinq ans (je venais d'arriver au Maroc), deux villages
limitrophes de Tanger, Tanja Bali et Magoga, s'étaient pris
de querelle. Des troupes — quelles troupes ! — furent dépê-
chées par le pacha pour rétablir l'ordre. Je les suivis. Le premier des douars que j'ai nommés venait d'être incendié par
les gens du second. A l'approche des soldats, les agresseurs
se replièrent dans la pleine, d'une colline à l'autre. On débuta
par une razzia de bétail, puis on cerna la hauteur, et le village
coupable fut envahi et brûlé à son tour. Quelques malheureux
habitants furent massacrés : mais on s'abstint de couper leurs
têtes en guise de trophées, — cette vieille coutume commen-
çant à tomber en désuétude dans la région de Tanger. Après
quoi les héros redescendirent, chargés d'un modeste butin.
Deux ou trois coups de fusil tirés des ruines furent le signal
d'une nouvelle fusillade. J'achetai à l'un des soldats, pour
quelques pesetas, un plateau de cuivre qu'il venait de s'ap-
proprier, et la *mahalla*, drapeaux au vent, retourna triom-

phalement vers la ville. Peu après, le représentant du Sultan,
faisant fonctions de ministre des affaires étrangères, était en
visite chez moi. Je lui montrai mon plateau, et le priai de
m'indiquer le moyen de le restituer à son propriétaire légi-
time, à supposer que celui-ci fut encore vivant : « Y pensez-
» vous ? » me répondit mon interlocuteur. « L'usage du pays
» veut qu'après un combat, les dépouilles des vaincus appar-
» tiennent aux soldats. »

En réalité, le Maroc du XXᵉ siècle est contemporain de
notre moyen-âge. Et partant, le Maure voit dans l'organisation
de la défense personnelle la garantie la plus solide de son existence et de ses droits. Plus l'homme est faible, plus lui-même
et ce qu'il possède doivent échapper à l'attention. Entouré
d'ennemis, l'individu ne saurait se relâcher d'une vigilance
continuelle. Voilà les deux principes fondamentaux : double
instinct que l'être humain primitif partage avec les animaux.
Ici, tout le proclame encore autour de nous : ces plaines incultes, — parce qu'en faisant produire le sol au delà de ses
besoins personnels, l'indigène enrichi se signalerait à l'attention du gouverneur, qui le priverait bientôt de ses biens et de
sa liberté; — ces villages invisibles de terre et de chaume, ensevelis dans les cactus, et qu'un œil exercé peut seul découvrir
sur les coteaux environnants.

Lorsque la silhouette blanche d'une construction modeste,
rare comme une voile en pleine mer, se profile à l'horizon,
brisant la monochromie grandiose du paysage, entre Tanger
et Fez, le voyageur s'étonne, il interroge. C'est presque toujours une *msallah*, lieu de prière, coupole recouvrant les
cendres d'un saint, ou bien une maison de campagne en
ruines, bâtie par un caïd aux jours éphémères de sa toute-
puissante administration. Expliquons que le district du gouverneur lui est confié pour un temps variable : les cadeaux,

Halte de midi à El Habassi.

Marocains aux aguets.

volontaires ou forcés, les confiscations de biens, constituent son salaire. A l'heure inévitable de la disgrâce, sa fortune est faite, ses richesses sont en lieu sûr, sauf les palais ou villas confisqués à leur tour par le Maghzen, ou dont la ruine atteste la disparition du maître.

Pays de l'invisible ! Combien de fois n'ai-je pas, avec surprise, vu s'agiter ce que je croyais le sommet pointu d'une roche : c'était quelque Arabe en contemplation, coiffé du capuchon, vêtu de bure, — inaperçu, comme le lion fauve dans les sables du désert ou le lièvre blanc dans les neiges du Pôle.

Qu'il voyage en caravane ou se rende seul au marché voisin, le plus pauvre des Maures n'oublie pas son fusil, couché sur le pommeau de la selle. Les longs mousquets à fantasias, cerclés de cuivre et souvent incrustés d'argent, dominent encore aujourd'hui; mais la contrebande, publiquement organisée, multiplie depuis peu les carabines perfectionnées jusque dans les profondeurs du Maroc (1).

... Nous touchons au terme du voyage : demain nous verrons les minarets de Fez, *insha Allah !* Ces douze jours de route auront passé bien vite, malgré la curiosité qu'inspire la ville sainte. L'arrêt dans notre camp de quelques *rakkas*, ces piétons rapides qui portent, en quatre ou cinq jours, la poste entre Fez et Tanger, nous a maintenus en communication avec l'une et l'autre ville. Voici Beni-Aamar, l'avant-dernière étape. Une sorte de congrégation religieuse s'approche des tentes, psalmodiant des prières pour le succès de l'expédition. Je veux croire cette manifestation désintéressée, mais je fais comme si elle ne l'était pas; et ces théologiens acceptent

---

(1) L'importation des armes de guerre est interdite dans l'empire chérifien.

sans trop d'étonnement une gratification de quelques douros.

L'itinéraire du jour suivant nous conduit à l'endroit appelé Mekkes, célèbre par un grand pont de pierre à trois arches. Pourquoi cette construction massive sur un étroit cours d'eau, quand les grandes rivières du pays en sont obstinément privées ? Je l'ignore. Et voici qu'une certaine animation fait pressentir l'approche de la grande ville.

Bientôt des constructions blanches se dessinent à l'horizon. C'est Fez ! Nous ne pouvons nous retenir de mettre les chevaux au petit galop : l'escorte et l'étendard suivent le mouvement. C'en est trop pour Ben Kaddor et Bel Ahsen, les deux vieux soldats de la légation, qui, perdant toute retenue, s'élancent en une fantasia folle, en poussant des cris de joie.

Farradji, notre dernier campement, situé à une heure de Fez, est la halte classique des ambassades qui doivent faire le lendemain leur entrée solennelle dans la cité sainte de Muley Idriss.

IV.

Hier un *rakkas* nous a précédés à Fez, chargé d'une lettre
par laquelle j'annonce au vizir des Affaires étrangères, Abdul
Kerim Ben Sliman, l'arrivée de la mission. Un autre courrier m'apporte aujourd'hui sa réponse, type parfait de ces
épîtres arabes coulées dans un moule immuable, séculaire,
comme les hiéroglyphes de Thèbes ou les inscriptions des
temples romains. Rien n'y manque : les « louanges à Dieu
seul », les épithètes élogieuses au destinataire, les phrases de
bienvenue également dignes et courtoises, les souhaits de paix
et de prospérité.

Le lendemain, 3 mai, à 8 heures du matin, arrive au camp
le *naïb* (secrétaire) de Ben Sliman, avec une escorte de cavaliers. Nous sommes prêts : depuis le premier rang jusqu'au
dernier de notre caravane, se constate un effort général de
décorum, comme il convient pour la parade que nous allons
subir. Culottes blanches, bottes reluisantes, casques de toile
immaculés, uniformes resplendissants de nos officiers; djellabas et soulhams neufs, réservés pour la circonstance solennelle
par les plus humbles de nos marmitons.

Nous marchons depuis peu, quand viennent à notre rencontre le ministre de la Guerre, l'introducteur des ambassadeurs : un peu plus loin, les officiers de la mission française,

en grande tenue, les instructeurs anglais : l'un d'eux est le
célèbre « caïd Mac Lean », l'autre le major Ogilvy ; ce sont de
vieilles connaissances. A droite, à gauche, tout ce monde
s'aligne. Le vizir Sid Ghebbas, seul membre du Gouvernement qui parle une langue étrangère, me dit en anglais des
choses fort aimables. Et le cortège se gonfle à vue d'œil, grossi
de toutes les escortes proportionnées à l'importance des personnages.

Maintenant ce sont les troupes qui font la haie, — d'un côté,
la cavalerie avec ses officiers et ses grands drapeaux ; de l'autre, l'infanterie bariolée de couleurs criardes, — alignement
de jambes nues et noires sortant de pantalons à la zouave et
terminées par d'énormes babouches jaunes. Il y en a beaucoup de ces troupes, — plusieurs milliers d'hommes. Lentement, nous avançons entre ces murailles vivantes, hérissées
de sabres et de fusils gauchement présentés : devant nous marchent une escorte de cavaliers, une troupe d'infanterie tout
en rouge, une escouade de tambours et de clairons. La caco-
phonie des fanfares militaires serait énervante et grotesque, si
l'on comprenait qu'elles s'efforcent d'exprimer des airs de musique européenne Heureusement, nous ne l'apprenons que
plus tard, et. dans le moment, ces discordances sauvages
s'harmonisent parfaitement — si l'on peut ainsi dire, — avec
les magnificences semi-barbares du spectacle.

Il y a dix ans que les bons habitants de Fez n'ont vu l'entrée
théâtrale d'un *Bashadour* Une foule épaisse garnit les
talus et les murs crénelés de l'enceinte. Le Sultan — nous
assure-t-on le lendemain, — debout sur une terrasse, nous
regardait venir à travers sa lorgnette. Nous dirions que les
abords de la ville sont « noirs » de monde, si rien n'exprimait
plus inexactement l'effet général de cette foule marocaine,
toute blanche et toute claire. De plus près, ces vêtements aux

L'ARRIVÉE DE LA MISSION BELGE A FEZ.

LE CAID SIR HARRY MAC LEAN LUI SOUHAITE LA BIENVENUE.

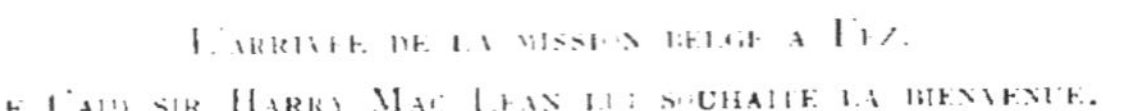

Cours du palais de l'Ambassade

plis perpendiculaires évoquent en leur ensemble certains dessins de Gustave Doré.

Notre chatoyant cortège se comprime pour s'engouffrer sous des portes massives, s'élargit de nouveau dans de vastes cours, s'écrase encore entre d'étroits arceaux et dans des ruelles sombres. N'arriverons-nous jamais ?

Un dernier couloir, si resserré qu'on n'y pénètre qu'à la file. Pied à terre, enfin : entrée dans un réduit obscur où les fantassins rouges, alignés déjà, présentent les armes. C'est le corps de garde. Puis, subitement, un jardin se révèle, tout en quinconces d'orangers et de citronniers, — comme un rêve de repos et de fraîcheur après le tumulte, la poussière et la chaleur de cette inoubliable cavalcade.

Souriants et dignes, le vizir de la Guerre et le grand-chambellan nous précèdent, nous découvrent, avec une satisfaction contenue, les surprises du « palais de l'ambassade ».

C'est bien un palais, mais tel qu'il en existe seulement encore dans les grandes cités moyenâgeuses du Moghreb, — demeures seigneuriales dont le luxe tout entier est dans l'isolement du dehors, la largeur des espaces, la blancheur immaculée des murailles, la fraîcheur des grandes cours ; — où tout porte à l'oisiveté contemplative, à l'oubli du monde extérieur.

De plain-pied avec le jardin, deux très grands *patios*, à ciel ouvert, forment le rez-de-chaussée, entourés de galeries à colonnes, tel l'*atrium* antique : une large arcade à plusieurs ouvertures les sépare.

L'eau de la rivière *Fas*, canalisée, coule au centre du dallage, alimentant six fontaines de marbre jaillissantes : cinq dans la première cour, une dans la seconde. Autour des galeries, plusieurs chambres à coucher, fraîches, obscures, prenant jour, à l'orientale, sur les patios Pas de tables, guère de sièges, trois ou quatre lits sans draps. En revanche, les planchers sont garnis de matelas, les murs de *haytis*, — applications harmonieuses de damas aux tons passés, — disposés en un invariable dessin éternellement répété : l'arc en fer à cheval, motif dont s'inspirent à l'infini l'architecture et l'art décoratf musulmans. En perspective, tout au fond de la seconde cour, une longue pièce servant de salon et de salle à manger.

Au premier étage, une chambre énorme gardée pour l'effet final. On nous la montre d'un geste triomphant : « Et voici la chambre du *Bashadour* !» Comment n'être pas ébloui? D'honneur, jamais encore je ne fus pareillement logé. Sept fenêtres, de vraies fenêtres, — garnies de vitres, de vraies vitres! Un plafond en voûte, merveille de bois ouvragé et bariolé comme un arc-en-ciel; des meubles anglais, des tapis; à côté, une pièce claire qui sera le cabinet de toilette. Plus loin, une longue galerie, remplie de lanternes, surmontant en balcon la grande arcade du rez-de-chaussée.

De blanches terrasses couronnent notre imposant manoir. De là-haut, le regard embrasse en partie Fez la mystérieuse, y compris le minaret vert de Muley Idriss, sépulture du saint fondateur mort depuis mille ans. Autour du sanctuaire où dort ce Romulus de l'Islam, un quartier de ville s'élève, compact, impénétrable et farouchement interdit à tous les infidèles.

Conduits par l'Amine, intendant chargé de subvenir aux besoins de la mission, domestiques, cuisiniers, palefreniers envahissent les dépendances. Les écuries se garnissent de chevaux, le jardin se hérisse de tentes, les cours s'encombrent de caisses... Et voici qu'on m'annonce la visite d'Abdul Kerim Ben Sliman, ministre des Affaires étrangères. Le large sourire, le beau geste de bienvenue, faisant valoir les plis de la blanche djellaba, les propos flatteurs à l'envoyé d'une puissance amie, sont ceux que l'étiquette impose en pareille circonstance. Mais la physionomie du vizir m'intéresse : ses petits yeux fureteurs regardent volontiers sous les lunettes ; son visage aux traits mobiles dit la finesse et la dignité : face de mulâtre où se lit, malgré tout, la descendance des Maures de Grenade, ses ancêtres authentiques.

Ce jour et les trois suivants constituent la période de « purification » qui précède toujours l'audience solennelle du Sultan. Il est convenable de différer jusque-là toute visite au dehors, sauf celle due, dès le lendemain, au vizir des affaires étrangères. La demeure de Ben Sliman est toute voisine de la légation : elle est ornée de plâtres ouvragés et de jolies mosaïques. Je constate, dès à présent, qu'il ne me sera jamais permis de faire un pas sans l'escorte obligatoire : double haie de fantassins pour les promenades en ville, peloton de caïds à cheval pour les excursions au dehors. Cela est fort bien quant au prestige de la mission, mais ne va pas sans inconvénients, — surtout pour les soldats, toujours exposés aux coups de pieds de nos chevaux, dans les ruelles étroites où deux personnes ont peine à passer de front.

Très remplies, les trois journées de claustration, — consacrées à recevoir les aimables visites des agents consulaires, des officiers anglais, français, italiens, et de quelques Européens au service du Maghzen. En même temps, on travaille à s'installer. Notre charpentier ne suffit pas à la besogne. Ces messieurs lui réclament des tables, des penderies, — que sais-je ? — trouvant incommode, les sybarites ! d'aligner leur chemises sur le sol et de faire leur correspondance sur leurs genoux. Mon fidèle valet de chambre Ahmed n'est pas moins occupé : l'on s'émerveille de tous les somptueux accessoires qu'avec l'aide de l'Amine il découvre dans les greniers de notre palazzo : une argenterie et une vaisselle merveilleuses, entre autres, apportées sans doute en présent par quelque autre ambassade.

Le soir du quatrième jour, paraît le naïb ou secrétaire de
Ben Sliman. Très rompu à toutes les finesses de l'étiquette
mauresque, il s'assied sans croiser les jambes, s'enquiert longuement de ma santé, puis fait une longue pause, — et reprend
en baissant la voix : « *Sidna* (notre maître), recevra demain
» l'envoyé en audience officielle Sa Majesté sortira à cheval,
» dans la grande cour du Palais, pour aller à sa rencontre. » —
« Le Sultan » — dis-je au naïb—, « n'a-t-il pas, il y a peu d'an-
» nées, modifié le protocole et décidé de recevoir les ministres
» étrangers dans une salle du Palais? » — « Sans doute, mais
» Sa Majesté se trouvait alors à Rabat, sur la côte. A Fez
» même, elle n'a jamais reçu les ambassades qu'à cheval. En
» maintenant cette forme plus solennelle, Sidna veut vous
» faire un honneur plus grand. »

Le naïb a peut-être raison, mais je ne suis pas de son avis.
Certes, je regrette, quant au pittoresque, l'ancien cérémonial
que la peinture a popularisé : qui n'a présent à la mémoire le
parasol vert et le chasse-mouches, insignes du pouvoir souverain comme le sceptre et le globe le furent chez nous ? Mais
récemment, le ministre d'une grande puissance s'avisa que
l'attitude d'un Bashadour à pied, devant le monarque à cheval, et la présentation des cadeaux en plein air, devant une
foule marocaine, pouvaient avoir un caractère humiliant. De
là le changement d'étiquette, accompli dans une ville de la
côte, peuplée d'Européens, mais qu'on ne désire pas intro-
duire à Fez, la première ville sainte de l'Islam après La
Mecque.

Néanmoins, après une discussion courtoise, le naïb se retire
pour conférer avec qui de droit, et bientôt revient m'annoncer que, suivant mon désir, l'audience aura lieu « dans une
salle du Palais ».

… Certain personnage qui figure dans les éditions illus-

COURS DU PALAIS DE L'AMBASSADE.

S. M. LE SULTAN MULEY ABD EL AZIZ

L'UN DES JARDINS DU SULTAN

trées des *Mille et une Nuits* a fait l'admiration de notre
enfance. On le voyait au premier rang de toutes les scènes
merveilleuses, cortèges de sultans ou mariages de princesses,
— avec son turban colossal, son gigantesque cimeterre barrant
un abdomen prodigieux, un flot de robes retenues par une
ceinture large de deux pieds. Était-ce le grand-vizir, le grand-
chambellan ou le chef des janissaires? Je ne l'ai jamais su.
Mais ma surprise est extrême en me trouvant face à face avec
ce personnage magnifique, en chair et en os, au moment où
je descends de ma chambre le matin de l'audience!

C'est le délégué du *caïd El Mechouar* (introducteur des
ambassadeurs), venu pour nous conduire au Palais. Diplomates et militaires, nous faisons pauvre figure, malgré nos
uniformes de grande tenue, devant la splendeur de cette appa-
rition. N'importe : à cheval, en route, précédés d'une troupe
montée plus nombreuse que de coutume. Celle des résidences
impériales où le Sultan va nous recevoir est à cinq minutes
seulement de la légation : cette fois encore nous ne verrons
rien de la ville, sinon les murs jaunâtres des ruelles étroites
que nous traversons. Arrêt devant un porche d'aspect quelconque. A travers un long couloir, nous pénétrons dans une
cour carrée pleine de troupes alignées : au premier rang, les
officiers anglais et français saluent de l'épée : une fanfare
militaire se met à jouer, et nous passons... Une autre cour,
vide celle-là : mais devant une porte latérale ouverte, mon
revenant des *Mille et une Nuits* s'arrête et nous annonce
d'une voix de stentor. C'est ici.

A deux pas de la porte, au milieu d'une salle sombre,
longue et très étroite, le monarque est assis dans un large
fauteuil de forme bizarre. Immobile, hiératique, le regard
fixe, Muley Abdel Aziz, tout enveloppé de voiles blancs,
figure une idole orientale. Tous les vizirs sont rangés debout,

le dos au mur de fond. Pas un meuble, sauf le siège impérial, pas un décor.

Le Sultan prononce quelques mots de bienvenue. Il prend
les lettres de créance qui lui sont offertes dans un portefeuille
de velours vert brodé d'or.

Je lis en français le discours suivant, traduit ensuite par le
drogman de la Légation :

« Sire,

« Le Roi, mon auguste maître, m'a ordonné de me rendre
« auprès de Votre Majesté pour remettre entre ses mains les
« lettres royales qui m'accréditent auprès d'Elle en qualité
« d'envoyé extraordinaire et ministre plénipotentiaire de
« S. M. le Roi des Belges. »

« Mon Souverain trouve dans cette mission l'occasion qu'Il
« désirait de répéter à Votre Majesté la haute estime qu'Il
« professe pour Votre auguste personne et la sympathie
« particulière qu'Il éprouve pour l'heureux pays dont Vous
« êtes le Monarque Le Roi désire resserrer encore l'amitié
« qui a toujours uni les deux États, et en cultiver les racines
« pour les rendre éternelles. »

« Sire, je me félicite d'avoir été choisi par S. M. le Roi
« des Belges pour remplir cette haute et agréable mission :
« d'autant plus que j'y trouve l'occasion de remercier Votre
« Majesté de l'accueil cordial que j'ai reçu dans ses États
« depuis mon arrivée, et qui m'a donné le désir de résider
« longtemps dans cet heureux empire. »

Le vizir Ben Sliman lit ensuite la réponse du Sultan, et
la présentation des personnes attachées à la mission termine
la cérémonie.

V.

CHEZ LE GRAND-VIZIR. — LES QUARTIERS DE FEZ. —
NOUVELLES AUDIENCES IMPÉRIALES. — PRÉSENTATION
DES CADEAUX. — LE SULTAN POINTE LE CANON. — LA
FOLLE DE FEZ. — HOSPITALITÉ MAURESQUE.

Le lendemain, visite au grand vizir Sid Phedoul Gharnit.
Il est vieux, très vieux, comme il sied à ses fonctions. Dès les
temps les plus reculés, les sages qui gouvernèrent les peuples
furent des « anciens »; les premiers philosophes furent des
vieillards. Le même mot, *kebir* (grand), désigne, en arabe,
l'homme chargé d'honneurs et chargé d'années. Un sage,
un philosophe, tel apparaît Gharnit, incarnant au sein du
Maghzen la tradition millénaire du Maroc, qui s'appelle la
« stagnation ». Bien des ambassades européennes ont pénétré
sous les ombrages de son petit jardin, ont entouré sa petite
table encombrée d'étranges friandises mauresques, ont échangé
des compliments puérils avec ce vieil homme désabusé... Au
mur, pendent de petites cages qui renferment des serins. Nous
lui parlons de ses oiseaux : il se déride, visiblement heureux.
C'est un sage, vous dis-je...

Ce soir, le *naïb* de Ben Sliman vient m'annoncer que le
Sultan nous recevra demain matin, cette fois en audience particulière, et que nous serons admis à lui présenter « les cadeaux ». Or, ces derniers, pour la plupart, sont restés loin
d'ici, dans une grande cour, avec les chameaux qui les ont
apportés, — les dimensions des caisses les empêchant de passer
par l'étroite entrée de notre jardin. Il faut pourtant qu'à

9 heures, demain, tous les présents destinés au Souverain, y compris le canon de montagne avec son affût, se trouvent déballés, transportés et montés dans la cour du Palais. La tâche serait difficile en Europe : elle paraît impossible avec les moyens disponibles à Fez. Mais, patriotiquement, le capitaine Denis, le vicomte Jolly, le docteur Tacquin et M. Barugel déclarent se charger de tout. Et lorsque, le lendemain, je me mets en route, j'apprends que ces messieurs sont partis dès l'aube.

Comme le palais où nous sommes reçus aujourd'hui est à l'autre extrémité de Fas-el-Djdid (le nouveau Fez), et que nous habitons, nous, Fas-el-Bali (le vieux Fez), notre escorte nous promène à travers une grande partie de la ville, en dehors même des murs, et pour la première fois, nous voyons la cité sous ses aspects divers.

Pendant longtemps, ce sont des ruelles étroites, où deux cavaliers passent à peine de front ; courtes comme des impasses, brusquement coupées à chaque pas, toujours par un seul angle, jamais en carrefour ; on ignore où l'on va, on marche aveuglément dans ce labyrinthe. Tout est poudreux ; tout est gris et jaune : le sol, les rares passants — tout, sauf une étroite bande de ciel aperçue là-haut, entre les maisons très élevées. Rapprochées, ces maisons, à croire qu'elles vont se rejoindre comme un étau. Dans ces couloirs presque déserts règne un silence bizarre. La vie se cache derrière ces murailles hostiles, percées seulement d'étroites et basses portes qui s'ouvrent sur des ténèbres, — vraies entrées de tanières.

Puis, tout change : nous passons à travers les quartiers marchands. Ici, au contraire, la vie grouille, intense. D'innombrables boutiques minuscules et sordides s'agglutinent comme les cellules d'un gâteau de miel, s'accrochent à toute saillie, emplissent les moindres recoins, — échoppes de petit

LE CAPITAINE DENIS. LE MINISTRE. M. SERGENS. M. WEGMAN.

SUR LA ROUTE DU PALAIS IMPÉRIAL.

Essai du canon belge en présence du Sultan

Le Sultan pointant le canon.

Le V. delc.x.   M. Grimard.
Le capitaine Denis.   M. Sorreys.
Le Sultan   Le Ministre.

village arabe, faites cependant pour subvenir aux besoins barbares d'une population qu'on estime vaguement à 150,000 habitants. Les travailleurs — pâtissiers, charpentiers, fabricants de babouches, artisans de mille petites industries sans équivalent chez nous; les oisifs — estropiés, mendiants, aveugles — sont installés pêle-mêle en pleine rue, n'importe où, obstruant le passage. Peu de bruit dans cette ruche. D'écœurantes odeurs alternant avec des bouffées de santal et d'encens. Une lumière discrète, comme dans les bazars de Stamboul et de Smyrne : les rayons du soleil tamisés par des treillis couverts de nattes, ou que garnissent des vignes aux troncs séculaires incrustés dans les auvents disjoints des boutiques.

Et tout change encore, lorsque nous pénétrons dans cet indescriptible quartier qui précède le palais proprement dit. Là, nulle demeure : de grands espaces inutiles et déserts, zone silencieuse où s'éteignent les échos de la ville, qui ne doivent pas troubler le repos du Grand Chérif. Des sultans bâtisseurs construisirent jadis ces hauts bastions crénelés, aujourd'hui percés à jour, rongés par le temps ; ces longues murailles, maintenant habillées d'une végétation luxuriante ; ces cours énormes, aux dalles disjointes, où les pas résonnent dans le silence. Des portes épaisses en fer à cheval y donnent accès, encadrées de pierre sculptée, dentelles aux riches couleurs patinées par le temps. Sous d'étroites et basses arcades, on passe en baissant la tête, frôlé par les plantes grimpantes qui retombent en cascades fleuries.

Aux crevasses des murs, très haut, des figuiers nains, des cactus et des géraniums prennent racine ; partout, sur les crêtes, les corniches, les terrasses, des prairies et des jardins en miniature. Toutes choses vues déjà dans les fantaisies de la fiction — décors de théâtre ou *Lost City* de Rudyard Kipling, — mais que nous avions crues disparues de la vie réelle.

A travers les nombreuses surprises de cette ville de rêve, nous arrivons au Palais : des soldats rouges présentent les armes. Comme lors de la première audience, le monarque est assis dans une petite salle sombre donnant sur une cour ; mais, cette fois, nous sommes seuls. De plus, un fauteuil est préparé, dans lequel Sa Majesté m'invite à m'asseoir. L'attitude hiératique, obligatoire pour une réception solennelle, a disparu : le Sultan cause, souriant. De très beaux yeux donnent une expression de douceur et d'intelligence à la physionomie jeune, mais un peu lourde. Je baragouine en mon mauvais arabe. Il me comprend. L'audience proprement dite est finie.

La présentation des cadeaux devant se faire dans une autre partie du Palais, nous remontons à cheval, pour nous y rendre par les cours extérieures, et retrouvons Sa Majesté dans un jardin fait de terrasses superposées, que bordent plusieurs grandes cages renfermant un lion, un tigre, des ours, des singes, une autruche, un casoar, etc. Muley-Abd-el-Aziz a le goût des animaux rares ; mais plus encore, celui de toutes les inventions modernes. Les applications amusantes de la mécanique et de l'électricité, notamment, l'intéressent au plus haut point. On peut affirmer que, dans ce domaine, il n'est pas un appareil, pas un jouet nouveau dont il n'ait connaissance. Les combles et les hangars des palais impériaux regorgent de phonographes, cinématographes, ballons captifs, canots et voitures automobiles, motocyclettes, amenés, au prix de quelles peines, à travers les sables, des ports de Tanger, de Larache et de Rabat.

Un émissaire vient annoncer que les cadeaux attendent le bon plaisir de Sa Majesté. Le canon d'abord. Nos compatriotes ont tenu parole : voici la pièce, neuve et reluisante, arrimée sur une mule; l'affût sur une autre, et nos officiers, sanglés, corrects, les présentent au monarque, qui se fait expliquer en connaisseur le mécanisme et les accessoires. Ce qu'on ne lui dit point, c'est le tour force extraordinaire accompli par ces messieurs. Il y a quatre heures, tout cela dormait encore, emballé dans des caisses pesantes, à l'autre extrémité de la ville !

Quelques autres présents sont examinés en détail. C'est tout pour aujourd'hui. Nous retournons au Palais, le lendemain, et dans une cour immense, grande de plusieurs hectares, entourée de bastions séculaires, le canon belge est essayé. Une vieille ruine qui s'aperçoit tout au loin sur une éminence, par-dessus les murs, sert de cible. La précision du tir ravit Sa Majesté qui tient à pointer une fois la pièce en personne. L'obus impérial tombe à quelques pas seulement du but.

En route pour le Palais, ce matin, nous avons remarqué, dans le quartier marchand, une femme grande et jeune dont l'aspect frappait par quelque chose d'inusité. Ce quelque chose est l'absence complète de tout vêtement, même le plus intime. Elle circule, va, vient, d'une boutique à l'autre, ici prend un gateau, là choisit un fruit, sans que le vendeur songe à se faire payer. Dans sa nudité café au lait, elle ne semble pas avoir froid, ce qui ne m'étonne guère par cette chaleur : mais personne dans la foule ne paraît remarquer sa présence, ce qui pourrait surprendre davantage. L'aimable promeneuse est une folle, et, comme telle, sa personne est sacrée. La démence, en pays d'Islam, passe pour une marque de la faveur divine : les fous sont des privilégiés; loin de les enfermer, on les vénère. Cette idée d'une bénédiction spéciale qui s'attache à telle personne, à telle chose, est partout dans la vie marocaine. Partout, sur les murs, sur les portes, s'étale le signe du *khamsa* (*cinq*, — une main ouverte, les doigts écartés), soit peint en rouge, soit simplement marqué par l'application de la main couverte de boue. C'en est assez pour attirer le bonheur sur la maison. Ce vieillard majestueux, armé d'un bâton vert, cet autre, porteur d'une hallebarde, accroupis contre une fontaine, sont des *chérifs* ou descendants du Prophète, de leur vivant déjà favoris du ciel. Ces baguettes plantées dans le sol, ornées d'une loque blanchâtre, qu'on rencontre dans la campagne et dans les villes, sont les sépultures de saints canonisés par la *vox populi*. Non moins que le plus somptueux marabout, ce sont des lieux de pélerinage; et ces fragments d'étoffe effilochés, aux branches d'un arbre voisin, sont des ex-voto.

Ces jours-ci nous faisons visite à quelques personnages : les vizirs de la Guerre et des Finances, l'intendant du Palais, le *Caïd el Mechouar* et d'autres encore. Je ne m'attarderai pas à décrire une par une les demeures somptueuses de ces fonctionnaires, — le plan général des palais marocains étant invariable. Le luxe de la décoration se concentre dans la grande cour à galeries ou *patio*, — fontaine à vasque de marbre au centre, — mosaïques merveilleuses recouvrant les colonnes et les murs. Des serviteurs ou des négresses circulent pieds nus, silencieux comme des ombres. Méthodiquement, ils rangent devant les visiteurs le réchaud en cuivre ouvragé et tous les accessoires du thé vert à la menthe, accompagné de massepain, « sabots de gazelle » et autres friandises nationales. Le thé fini, les parfums sont apportés : bois de santal, parfois même ambre gris (l'étiquette veut que l'on promène les cassolettes fumantes jusque sous ses vêtements); eau de fleurs d'oranger dans de hauts flacons en métal argenté, à goulot percé de trous. On tend son mouchoir d'abord, qui vous est rendu trempé, à le tordre; la tête ensuite, car il con-

Une rue de Fez.

La folle de Fez.

La demeure de Sid el Mokri.

La demeure de Sid el Mokri.

vient d'accepter, ravi, un vigoureux arrosage — vrai shampooing, — dont la durée se proportionne à l'importance du visiteur.

Aux deux bouts de la salle, toujours des lits de parade, piles de matelas recouverts de précieux brocarts; aux murs les *haytis* ou rangées d'ogives en étoffes appliquées. Toujours aussi quelques meubles européens étonnés de se trouver là, et généralement incompris : pour la plupart cadeaux d'ambassades. Le *Caïd el Mechouar*, par exemple, a réuni dans la même chambre une dizaine de pendules, dont aucune ne marque l'heure. Aimable homme, ce grand chambellan : de taille gigantesque, robuste, presque nègre, et s'épuisant en efforts pour faire honneur à ses hôtes. Une idée lumineuse le traverse : s'il nous jouait du piano? Un instant seulement pour se passer au pouce et au petit doigt de chaque main des bagues reliées par des cordons. Ces derniers ont l'écartement précis d'un octave : on étend la main, on pose les doigts munis d'anneaux sur quatre *do* (deux pour chaque main), puis quatre *ré*, quatre *mi*, et ainsi de suite. Quand on est assez monté, l'on redescend, et l'on fini par avoir ainsi joué toutes les notes du clavier : peut-on faire mieux ?

VI.

LES EUROPÉENS DE FEZ. — COMMENT JE RENCONTRAI
RAISSOULI. — UN GRAND MARIAGE DANS LA MON-
TAGNE. — FEZ ET SES ENVIRONS. — LE PAYS DE LA
SOUFFRANCE ET DU BONHEUR. — LES AMUSEMENTS
DU GRAND CHÉRIF.

Tout intéressantes que soient ces visites officielles, ce sont
des cérémonies obligatoires précédant les entretiens qu'il y
aura lieu d'avoir avec le vizir Ben Sliman. Dès à présent, les
séances d'affaires se tiendront périodiquement, soit chez lui,
soit dans le palais de la légation. Maintenant aussi, nous
sommes libres de rendre leurs visites aux agents consulaires et
aux officiers.

C'est le moment de dire que Fez renferme, en outre, un certain nombre d'Européens (pas de Belges, mais des Anglais, des
Français et des Allemands), établis dans cette ville pour leur
compte personnel. L'expérience d'un long séjour leur a prouvé
l'utilité d'un contact permanent avec ceux dont dépendent les
faveurs, les commandes et les concessions. Plus d'un pays
possède des pionniers inestimables parmi ces exilés volontaires —, car tous ne sont pas de simples marchands. — D'aucuns
sont des financiers, des géographes, des ingénieurs, qui, pré-
voyant le « Sésame, ouvre-toi ! » du Moghreb encore fermé,
scrutent et pénètrent, dès à présent, le mystère de ses immenses richesses.

Ici, comme partout, quelques membres de la colonie britan-
nique trouvent moyen de suppléer à la complète pénurie

d'amusements qui distingue l'existence marocaine. Ils ont obtenu du Sultan un terrain de polo, situé hors de la ville. J'y vais jouer, dès les premiers jours, avec le major Ogilvy et plusieurs officiers indigènes, initiés par leur instructeur anglais aux charmes de ce noble jeu. Ce sont de bons et adroits sportsmen, et leurs coups de maillet ont une vigueur dont n'approchent pas ceux des Européens. — Quelques jours après, un *paper hunt* est donné en notre honneur aux environs de Fez. Un sous-officier anglais et moi nous entrons, botte à botte, dans un jardin, sur les talons de la « bête » : sera-ce moi qui la prendrai? Sera-ce lui?... C'est lui. — « *That was a good run, Sir* », me dit le sergent en manière de consolation.

D'autres fois, nous allons suivre les manœuvres de petite guerre exécutées, tant bien que mal, par la cavalerie marocaine : puis ce sont des pic-nics sur une montagne voisine. Pendant une de ces excursions, des femmes s'approchent inaperçues, brusquement déposent un mouton devant moi et l'égorgent en un tour de main. J'apprends malheureusement que l'objet de ce sacrifice est la libération d'un affreux gredin, père, frère, fils de ces dames, emprisonné pour meurtre, si j'ai bon souvenir.

A cette époque nous arriva la nouvelle de l'enlèvement de MM. Perdicaris et Varley par le trop fameux Raïssouli. Mes lecteurs se rappellent sans doute cet exploit, accompli aux portes de Tanger. Je connaissais non seulement les captifs, mais aussi leur ravisseur, rencontré dans les circonstances suivantes :

L'an dernier, je me trouvais dans la tribu des Beni Messawar, invité par leur chef à la noce de son frère. Cette kabyle occupe la pointe d'une haute montagne, dont l'accès est interdit aux Européens. Mais le caïd m'avait envoyé un sauf-conduit. A l'occasion du mariage, une trêve avait été conclue avec d'autres tribus, généralement ennemies. Pendant trois jours on vit, de toutes les hauteurs voisines. descendre en serpentant de longues processions qui sillonnaient le flanc des montagnes comme des ruisseaux ou des coulées de lave. Des hommes ouvraient la marche, portant les présents, cadeaux de grains et d'étoffes, ou poussant devant eux les vaches et les brebis offertes au marié. Les femmes, en leurs longs vêtements bibliques, suivaient, masse blanche ondulante : par intervalles arrivait jusqu'à nous le trille aigu, indéfinissable de leur « *youyouyou* », cri perçant de cigales, accompagnement obligé de toutes les fêtes. Les notes des musettes s'égrenaient dans l'air pur des hauteurs; les décharges des fusils se prolongeaient, répercutées par les échos en roulement d'avalanche.

Le second jour, un long cortège alla chercher la fiancée sur une montagne voisine et la ramena, selon l'usage. dans une sorte de boîte close, ornée d'étoffes, portée sur le dos d'un cheval. Les après-midi étaient occupés par le « jeu de la poudre », que les hommes exécutaient sans relâche dans le cadre imposant de ces cimes abruptes. Raïssouli était présent avec toute sa bande, sans que ni lui ni ses hôtes eussent rien à craindre les uns des autres jusqu'à la fin de la trêve de trois jours. Peu auparavant, il avait enlevé le correspondant du *Times*, M. Harris, qui passa trois semaines en captivité.

Raïssouli se distinguait à la fois par son adresse au « jeu de la poudre », et par son attitude arrogante. Je remarquai les selles rouges de ses montures prises aux soldats du Maghzen, tués ou dépouillés au cours de ses expéditions. « Le voilà! » disaient les enfants, comme s'ils avaient vu Croquemitaine : « voilà Muley Ahmed ! ». Chaque fois que le brigand déchargeait, avec un geste théâtral, son long fusil. un vieux Beni-Messawar ne manquait jamais de me pousser du coude en disant avec emphase : « Muley Ahmed ! ».

Une batterie marocaine.

Une cour de quartier du Palais Impérial.

Un pont sur l'Oued Fas.

Tombeaux en dehors des murs.

Comme la présence d'un *naẓrani* (chrétien) déplaisait fort
à tous ces visiteurs, très fanatiques, je passais une partie de
ma journée dans ma hutte. C'est là que Raïssouli crut devoir
me faire visite. Nous nous parlâmes peu, mais je profitai de
l'occasion pour l'examiner. Au retour, je fis de mémoire un
croquis assez ressemblant du personnage (1). Sa figure jeune
et fort belle est encadrée d'une courte barbe noire. Sur son
turban de forme très haute, il porte enroulé, selon la mode
de la région, l'étui d'étoffe de son fusil.

RAÏSSOULI.

Le *Times* raconta qu'une certaine tribu avait failli m'enlever au cours de cette excursion. La chronique de Tanger
ajoutait ce détail inattendu que Raïssouli lui même l'en avait

---

(1) Ce portrait, le seul authentique de Raïssouli, a été publié par le
Graphic dans son n° du 2 février 1907.

dissuadée. Quoi qu'il en soit, le brigand m'a, depuis, écrit à plusieurs reprises.

Fermons cette parenthèse. On sait que le gouvernement marocain dut passer par toutes les conditions de Raïssouli pour obtenir la libération de MM. Perdicaris et Varley. On le nomma caïd de plusieurs villages : on fit revenir la mahalla envoyée contre lui ; on destitua le pacha de Tanger, son ennemi personnel ; on lui rendit ceux de ses compagnons que le Mahgzen retenait prisonniers; on lui paya enfin une rançon de 500,000 francs.

. . . .

Depuis que je suis à Fez, j'éprouve tous les matins cette impression de joie très particulière qui vous attend au réveil dans un endroit où l'on est heureux d'être. Aucun bruit au dehors, sauf le clapotement des fontaines au milieu des grandes cours sonores et silencieuses comme les cloîtres d'un monastère.

Dans le plafond en dôme de ma chambre, un couple de petits oiseaux a élu domicile parmi les ciselures de bois colorié. Aux premiers rayons du soleil, ils descendent de leur cachette et se posent sur le seuil d'une fenêtre, attendant que je leur ouvre le vitrage pour prendre leur vol au dehors.

Bientôt le gong résonne : peu à peu le jardin, les patios s'animent, mais d'une activité discrète et sans bruit, — va et vient de serviteurs en babouches se croisant sous les galeries à colonnades. La *mouna* du jour s'empile dans les cuisines en des montagnes de victuailles. Une surveillance sévère s'efforce d'empêcher le gaspillage et les abus ; mais elle ne peut s'exercer que sur nos gens. Quant aux fonctionnaires chargés par le Maghzen de veiller aux besoins de la mission, il me suffira de dire que leur charge est l'une des plus recherchées et des plus lucratives qui se puisse obtenir... L'entretien d'une ambassade, durât-elle six mois, est censée coûter au gouvernement marocain quinze cents francs par jour.

D'ordinaire, après déjeûner, le vicomte Jolly et moi, nous explorons ensemble, à cheval, les environs de Fez. Nous sortons de la ville par une des grandes portes qui percent les murailles crénelées de l'enceinte et dont les proportions harmonieuses rappellent l'apogée d'un art architectural dès longtemps tombé dans l'oubli Sur les dentelles de pierre entourant l'ogive en fer à cheval, sur les fines arabesques sculptées et jadis enluminées de couleurs, la main des siècles a passé, adoucissant les contours; le lichen, « cette rouille du marbre », a mis des ombres fauves. Et ces portes, décorées autrefois par des artistes épris de beauté, se garnissent souvent de trophées sinistres : les têtes coupées au cours d'expéditions punitives, salées par des juifs du *mellah* (ghetto) et fixées à des clous. Ces arcades triomphales sont des porches lugubres qui s'ouvrent, à peine franchis, sur un océan de misère et d'horreur.

Des mendiants accroupis, en groupes, exhibent des moignons de bras, tendent vers le passant des faces lamentables aux yeux crevés. Au pied des murailles, dans les fondrières qui longent la ville, — chemins creux et torrents à la fois, — des bêtes misérables, squelettes encore vivants de chevaux, de mulets et de chiens, achèvent de mourir. Car la loi religieuse interdit de hâter la fin d'aucune créature. Sous les baies de jasmins et de roses, des charognes exhalent une affreuse puanteur : les oiseaux de proie s'acharnent sur des carcasses saignantes, et les cadavres d'animaux, par centaines, jamais ensevelis, s'amoncellent en ossuaires énormes jusqu'à de grandes hauteurs. Nous remarquons un petit mur fait de crânes humains superposés... La souffrance et la mort, ces choses de toutes les minutes, côtoient ici en égales le bonheur et la vie, dont elles sont l'inévitable lendemain.

Oui, le bonheur et la vie. Pour qui sait voir, ils fleurissent à chaque pas au milieu des misères ambiantes. On se tromperait en englobant dans un sentiment général de pitié les masses ignorantes et pauvres qui peuplent les campagnes du Moghreb. A tout prendre, le contentement et la joie de vivre ne leur sont pas plus inconnus qu'à nos foules, initiées aux bienfaits de l'épargne et de l'instruction. — « Ignorer, c'est » être heureux. » Les peuples enfants ne connaissent point les préoccupations de l'âge mûr. Ces Maures robustes, soit qu'ils cheminent, armés de leurs fusils, derrière un troupeau d'ânes, ou qu'ils peinent sous l'ardent soleil d'Afrique, portent l'insouciance et la force empreintes sur leur visages toujours prêts à s'éclairer d'un large sourire. En dehors de la douleur physique, ce qui fait le malheur, n'est ce pas la réflexion, le souci du lendemain, le sens de la comparaison, la révélation de besoins factices, tous les douteux bienfaits dont s'entoure, comme d'un cortège, la culture intellectuelle?

Décrire longuement les environs de Fez serait lasser la patience du lecteur. Paysage déchiqueté, chemins creux serpentant parmi les cactus et les géraniums géants, larges cascades tombant en degrés parmi d'énormes roches; talus couronnés de marabouts branlants; arches de ponts séculaires dont les moulures portent encore la trace de couleurs brillantes; restes d'aqueducs habillés de lierre et de fleurs. La même race qui, jadis, éleva ces constructions superbes, vit aujourd'hui dans leurs débris, jamais relevés,—comme les barbares campèrent autrefois parmi les ruines d'une civilisation détrônée.

De certaines hauteurs, par les larges brèches des murailles,

Une cour du Palais de l'Ambassade.

Une porte du Palais Impérial.

Une cour du quartier du Palais Impérial.

on embrasse d'un coup d'œil tout le « vieux Fez » ; et l'on s'étonne qu'une cité de 150,000 âmes puisse être une chose aussi simple. D'ensemble, c'est une immense coulée blanche, monochrome, toute d'un bloc, emplissant jusqu'aux bords l'enceinte des remparts. En détail, de petits cubes blancs, par milliers, serrés, juxtaposés sans intervalles de rues visibles. Le regard cherche, pour s'y reposer, quelque point de couleur, ou quelque bâtiment dépassant l'uniforme niveau des terasses. Il ne rencontre que les toits des mosquées, en tuiles vertes, et les minarets carrés, verts aussi. Seules les maisons de prière dominent palais et masures, et la pensée religieuse plane, visible, sur la cité sainte : *Allah akbar* (Dieu est le plus grand !).

Je me rappelle avoir vu des photographies bizarres, produits de deux clichés superposés par erreur sur la même plaque. Ainsi, derrière la masse claire et condensée d'une ville musulmane, aux arêtes simples, aux maisons sans yeux, je crois souvent voir se profiler le panorama d'une capitale européenne, avec les lignes heurtées de ses toitures grises et rouges, ses hautes cheminées, ses colonnes, la fumée de ses usines et de ses gares, ses réseaux de fils électriques, et les rayons du soleil étincelant dans ses millions de fenêtres. Et cette vision — l'avouerai-je ? — ne me donne aucunement le mal du pays.

Outre l'ancien et le nouveau Fez, la cité de Muley Idriss comprend une troisième partie, à savoir le quartier qui forme l'ensemble des palais impériaux. De l'extérieur, rien ne distingue la résidence chérifienne ceinturée de murs jaunâtres et délabrés comme le reste de la ville. Les constructions en forment la plus petite portion ; puis viennent les jardins et les patios ; l'étendue la plus considérable est occupée par des cours immenses, grandes comme des corrals, et sans destination bien définie. Parfois les soldats y tirent à la cible; le Sultan s'y promène en bicycle ou en automobile, à l'abri des regard profanes. Nous y jouâmes un jour au polo avec S. M. chérifienne. D'autres fois, le Souverain nous réunissait autour d'une table de billard, meuble qui figurait à l'exposition de 1900 et qui n'est pas la moindre curiosité de Fez, si l'on songe aux difficultés extraordinaires du transport depuis la côte.

VII.

Mon but était de décrire l'emploi d'une journée de Fez :
mais je me suis, comme on le voit, légèrement attardé hors
de l'enceinte de notre demeure. Rentrons-y : je voudrais,
outre le charme propre aux alentours de la ville, montrer
celui d'heures passées dans la claustration des hauts murs
blancs, qui nous cachent le reste du monde.

Ce n'est pas que nos occupations sédentaires soient nombreuses ni méritent d'être rapportées, en dehors du temps
consacré au travail officiel. Vie de monastère, sans regard sur
le dehors, sans l'écho d'un bruit extérieur — (du reste, dans ses
rues mêmes, Fez est silencieux comme un cimetière), — portant
à cette oisive contemplation qui devait hanter les manoirs
taciturnes du moyen âge. Dans ces frais patios où rêvent, sous
les arcades, des vieillards en costumes de janissaires — les
fidèles moghaznis de la légation, — où les fontaines mur-
murent éternellement leur chanson cristalline, la fuite du
temps paraît presque imperceptible.

Du fond des cours, la vue s'étend jusqu'au bout des allées
où se profile parfois la silhouette d'un visiteur, Européen ou
fonctionnaire marocain, qui vient causer : de quoi? Ils sont
peu nombreux, les sujets de conversation entre les habitants
de Fez : les mouvements du prétendant (lequel, il y a peu de

mois, s'avança jusque sous les murs de la ville); quelque combat dans le voisinage (le caïd de Sefou vient d'être tué); les propos de tel vizir; les dernières nouvelles d'Europe, rares et déjà bien vieilles.

Puis c'est un *rakkas* (courrier) spécial qui se montre, couvert de poussière, venu de Tanger à marches forcées, et tombant de sommeil et de faim.

D'autre fois, c'est un Juif qui s'arrête dans la cour extérieure, — reconnaissable à son fez noir, à sa lévite noire, à ses babouches noires. L'intolérance marocaine impose ce costume aux Israélites, partout encore relégués en parias dans les sordides *mellahs* ou ghettos. Celui qui vient d'entrer, là-bas, sait qu'on examinera volontiers sa marchandise, car le plus grand imprévu règne dans le bric-à-brac de Fez. Il s'y rencontre souvent quelque précieux bijou arabe, quelque admirable porcelaine de Delft ou de Chine, trimballée de boutique en boutique depuis les jours très lointains où les pirates de la côte la trouvèrent dans la cargaison d'un voilier capturé.

Le Juif est le paria du Maroc. Mais si, sous la pression d'une immémoriale hérédité, la dignité personnelle et le courage ont presque disparu de l'âme israélite, — avec quelle acuité merveilleuse se sont logiquement, en sens inverse, développés dans cette âme la patience, la ruse, le génie du gain —, formes plus humbles, mais plus puissantes, du *struggle for life!* C'est ainsi qu'une élite juive, autorisée par la naturalisation ou la « protection » européenne à dépouiller la triste livrée noire, constitue maintenant, dans les cités marocaines de la côte, une vigoureuse phalange de négociants, de banquiers et de propriétaires. Et cette revanche d'une race opprimée pèse durement sur ses oppresseurs. La haine du Maure pour le chrétien est de nature simple, toute d'un caractère religieux. Celle qu'il éprouve envers l'Israélite est d'ordre

Retour d'une promenade aux environs de Fez

Panorama de Fez.

Une vue de Fez.

complexe et plus humain, faite de mépris et de ressentiment...

Si les mendiants, innombrables dans toutes les villes marocaines et qu'aucun règlement ne vient arrêter, ne pénètrent
pas dans notre demeure, du moins est-il à conseiller, pour une
mission européenne, de faire des largesses de pain et de
figues aux communautés pauvres de la ville, et surtout aux
prisonniers, dont le sort misérable réclame la compassion.

Sauf la bastonnade, la torture s'est ralentie dans les prisons; il est maintenant assez rare qu'on coupe la main d'un
malfaiteur, qu'on lui crève les yeux ou qu'on lui fasse subir
cet affreux supplice, naguère d'application fréquente : des
incisions sont faites dans les mains du patient, on replie les
doigts, les ongles dans les blessures, et le tout est solidement
ficelé par un cuir humide qui se rétrécit en séchant. Le malheureux succombe en quelques jours aux horribles souffrances
du tétanos. Mais il est encore admis en principe, dans certaines prisons, que les prisonniers non entretenus par leur
famille n'ont droit à aucune nourriture et sont exposés à
mourir de faim.

Quand vient le soir, nous allons volontiers respirer sur les
terrasses servant de toits à notre palais et qui dominent les
maisons environnantes. C'est l'heure où les muezzins, du haut
des verts minarets, lancent l'appel à la prière, et où les mille
blanches terrasses de Fez se garnissent de femmes voilées.

Ces promenades aériennes ne sont pas sans péril, car les
parapets très bas trompent souvent la vue. Peu après notre
retour, j'appris la mort d'un jeune Australien de mes amis,
due à un accident de ce genre. Il se trouvait sur la terrasse
de la maison du caïd Mac Lean (1), lorsqu'il trébucha

(1) Instructeur des troupes et ami particulier du Sultan. Son obligeance
et son hospitalité ont beaucoup contribué à l'agrément de notre séjour
à Fez. Au moment où paraissent ces lignes, Sir Harry Mac Lean est
prisonnier de Raïssouli.

contre le parapet, tomba dans la cour et se brisa le crâne.

Nous avons le plaisir de réunir souvent à notre table un certain nombre d'invités, et particulièrement les officiers étrangers de Fez. Le cuisinier en chef de la mission, soit dit en passant, est un Vatel assez renommé pour ses talents à Tanger. Il est de ceux dont on peut dire qu'il eût trouvé des truffes sur le radeau de la Méduse. Ces qualités, espérons-le, compensent, pour nos convives, les désagréments qu'offrent, ici, les sorties du soir. Expliquons que Fez se divise en quartiers s'emboîtant les uns dans les autres, et dont chacun se ferme hermétiquement la nuit. Pour rentrer chez soi après 9 heures, précédé de lanternes, il faut donc s'arrêter et faire déverrouiller une demi-douzaine de portes, dont les gardiens sont souvent plongés dans un sommeil rebelle à tous les cris et à tous les heurts.

Je ne puis passer sous silence l'aspect vraiment étincelant que présente la nuit notre demeure, vue du jardin. Les allées de celui-ci, les galeries du premier étage, les balustrades longeant la rivière canalisée qui passe dans notre cour, sont bordées de nombreuses lanternes où brûlent des bougies qu'on n'éteint jamais. Comme, en outre, l'un des patios s'ouvre sur le jardin, la vue pénètre à travers les grandes arcades centrales jusqu'à la salle à manger qui, brillamment éclairée, forme le fond du second patio. Le tout forme un véritable décor de féerie.

Notre séjour coïncide heureusement avec le *Mouloud*, l'une des trois grandes fêtes religieuses où la pompe impériale se manifeste dans toute son ampleur. Pour ces jours-là, les habitants de Fez revêtent leurs plus beaux atours : les djellabas neuves des enfants, bleues, vertes, roses, orange ou saumon, mettent des notes éclatantes sur l'uniformité blanche et brune des rues.

LA MISSION BELGE ASSISTANT AUX FÊTES DU MOULOUD

Dès le matin du premier jour, les troupes du Sultan forment, en dehors de la ville, un énorme carré creux, à côté duquel les canons sont mis en batterie. Les députations des tribus *maghzen*, à cheval, et avec leurs drapeaux, attendent l'arrivée du Maître. Ainsi qu'il convient, *Sidna* se fait attendre. Lorsqu'enfin l'on voit au loin le Sultan sortir d'une cour du palais, entouré de ses vizirs, et monter accomplir ses dévotions à la *msallah* chérifienne, le spectacle est réellement imposant. La prière est finie : le monarque s'avance lentement et s'arrête devant les délégations. Immobile sur son cheval, tout enveloppé de blanc, surmonté du parasol plat rouge et vert à boule de métal, entouré de porcelaine et d'esclaves nègres agitant des chasse-mouches en mousseline, précédé d'étalons superbes tenus en main, Muley Abd-el-Aziz incarne à ce moment, pour les plus frondeurs de ses sujets, une puissance morale dont un Européen comprend difficilement la portée.

Chaque députation — en tête les gens de Fez avec les étendards de Muley Idriss, — est annoncée d'une voix tonnante par le grand-chambellan Chaque groupe se courbe, en même temps que s'élève ce cri unanime : « *Allah ibarek f'amr Sidi* » (« Que Dieu bénisse la vie de mon Seigneur »). — « Que » Dieu vous bénisse et vous dirige dans la bonne voie, vous dit » mon Seigneur », répond le caïd El Mechouar, au nom du Sultan toujours immobile. Ainsi pour chaque délégation qui fait rapidement place à la suivante, laquelle vient recevoir à son tour la *baraka* ou bénédiction chérifienne En notre qualité de mission diplomatique, nous occupons, avec notre escorte, une place spéciale sur un côté du carré. Avant de se retirer, le Sultan dirige son cheval vers les nôtres, en manière de salutation. Les musiques jouent, les canons tonnent : la cérémonie est terminée.

Les fêtes des deux jours suivants sont plus belles encore :
elles constituent la *hdÿa*, ou remise des cadeaux au Souverain par les délégations qui sont venues la veille lui rendre
hommage. Cette fois, une énorme cour sert de théâtre au spectacle ; des troupes la remplissent : d'un côté tous les fonctionnaires en hauts turbans et vêtus de leurs plus beaux costumes ; en
face notre ambassade en grand uniforme. Tout au fond se
trouvent les gardes du corps qui jouissent du privilège singulier de ne jamais se lever, même devant le Sultan. L'entrée
du monarque par un des portique donnant accès dans la
cour, est plus impressionnante encore que la veille, par la
sonorité que les murs prêtent aux fanfares et aux salves d'artillerie. Nous remarquons les housses magnifiques qui
recouvrent les chevaux tenus en main. Un « coupé », donné
jadis par Louis-Philippe, suit toujours le sultan à cette occasion : effet bizarre en ce pays absolument ignorant des véhicules ! Les députations, à pied, sont decrechef présentées au
Maître, qu'elles saluent dix fois ou plus en cadence, appelant
à haute voix sur lui les bénédictions du Ciel. Les cadeaux
qu'elles offrent sont très divers : des étoffes, des babouches,
des chevaux. En certaines occasions, l'une des tribus doit
amener une négresse. — Cérémonie courte, bruyante et généralement grandiose.

. . . .

Le moment me paraît venu d'abréger la description d'un
séjour de six semaines dans ce dernier refuge, encore inviolé,
de la culture mauresque.

Le jour viendra fatalement où des routes, des voies ferrées
et des télégraphes le relieront au monde moderne, et le feront
entrer de force dans l'orbite des cités admises aux bienfaits
de la civilisation. Bientôt peut-être le voyageur trouvera-t-il

RETOUR D'UNE DES FÊTES DU MOULOUD.

Le Sénateur Grimard.   Le Comte de Buisseret.   Le lieutenant Vicomte Jolly.

Un coin de Fez.

dans un hôtel le gîte que peut seul aujourd'hui lui procurer une faveur spéciale du Sultan. Alors les croyants cesseront de se prosterner à l'heure de la prière, par crainte de la curiosité des touristes. Ceux-ci se promèneront dans les campagnes environnantes sans peur des brigands (1). Les cigognes, chassées par le bruit insolite des voitures, ne couronneront plus de leurs nids le sommet de tous les minarets ; les fous cesseront d'errer tout nus dans les rues transformées en boulevards. Et ce jour-là, ceux qui, comme nous, auront connu le bon vieux temps, se garderont bien d'aller revoir Fez ouvert au progrès...

Le jour du départ approche. Il nous reste à recevoir l'hospitalité que les hauts dignitaires vont nous offrir, selon l'usage, dans leurs palais. Nous allons dîner sucessivement chez tous les vizirs et quelques autres personnages. Je me permettrai de décrire d'une façon générale ces agapes, dont le programme et le cadre ne varient guère.

Dès le matin, l'on vient enlever, pour les transporter chez l'amphytrion, notre vaisselle, notre argenterie, nos candélabres, notre pesant milieu de table, et parfois jusqu'à nos chaises, — tous objets si rares à Fez, qu'on les a réunis dans la maison de l'ambassade pour la durée de notre séjour. (Chez les gouverneurs des villes et des districts de la côte, les Européens sont encore invités à dîner assis par terre, et à manger avec leurs doigts.) — Nos cuisiniers et nos domestiques émigrent à leur tour pour aller cuire et servir le repas auquel nous sommes invités. Le soir venu, précédés d'une lourde lanterne portée par plusieurs hommes, nous partons pour le lieu du festin.

____

(1) Récemment M. Genthe, correspondant d'un journal allemand, fut assassiné au cours d'une promenade à quelques minutes des murs de Fez.

Les salles sont généralement disposées autour d'un patio à
fontaines, décoré de ces colonnes de marbre, de ces délicieuses
voûtes en alvéoles, de ces mosaïques admirables en bois et en
pierre, bien connues de ceux qui ont visité l'Alhambra de
Grenade : c'est le modèle éternel des palais mauresques, de
même que toutes les mosquées ont Sainte-Sophie pour proto-
type. Des serviteurs enturbannés et de jeunes négresses circulent sans bruit sous les arcades, où règne une odeur de santal
et d'ambre gris. Qu'on me permette d'invoquer pour une fois
la comparaison classique des *Mille et une Nuits*, dont je me
suis fait un devoir de ne pas abuser.

Dans une salle on sert le thé, les gâteaux, les parfums ; dans
une autre la table est dressée, ornée de curieux bouquets à la
mode arabe. Les fleurs y sont disposées autour de bâtons, en
cônes réguliers, très effilés, sans aucune verdure. Alignés sur
le marbre du patio, des plats de terre gigantesques avec leurs
cloches pointues en sparterie multicolore, sont découverts à
mesure que les services se succèdent. Quinze à vingt plats, en
moyenne, composent le menu. Ce sont généralement : une soupe
au safran, d'énormes pyramides de riz et de *couscouss* aux
raisins et aux pois chiches ; des poulets entiers et des pigeons,
farcis de raisins, d'amandes et d'autres condiments ; des ragoûts
de mouton sous trois ou quatre formes ; des tomates et des fonds
d'artichauts : le tout cuit à l'huile et au beurre rance. Puis
viennent des tartes au sucre filé, grandes comme des roues ;
des fruits confits, des « sabots de gazelle » au massepain...
Et tandis que défilent, des heures durant, ces mets gargan-
tuesques, les musiciens du Sultan, accroupis dans la cour,
égrènent une succession de mélodies monotones. La règle des
concerts arabes veut qu'il ne s'interrompent pas une seconde,
tant que dure la fête. Musique bizarre, énervante, composée
d'instruments à cordes, qu'accompagne un chant nasillard,
grisant et voluptueux néanmoins.

La danse n'est pas de mise en ces réceptions officielles ; mais les fêtes populaires, surtout chez les montagnards, comportent, outre l'orchestre, des danseuses, ou des garçons déguisés en femmes, les uns et les autres souvent volés dans leur enfance et voués de force à ce métier chorégraphique, considéré comme assez dégradant.

Pendant les heures de digestion qui suivent, la conversation n'est point absolument pétillante ; l'abondance des mets et l'ininterruption de la musique font flotter sur l'assistance un invincible abrutissement. Les convives indigènes ont du moins la ressource de bruyants et profonds... hoquets, équivalant dans l'étiquette arabe au plus gracieux compliment sur l'excellence de la cuisine.

Notre vaisselle et nos gens qui, pendant une semaine, ont, de palais en palais, sillonné les rues de Fez, nous quittent une fois encore pour aller orner le repas d'adieu auquel nous convie le Sultan. La tradition ne permet pas au monarque d'y paraître : les honneurs sont faits par le vizir Ben Sliman. Une solennité particulière distingue naturellement le repas impérial, comme en témoigne le long et majestueux cortège de plats aux couvercles de paille pointus qui, balancés sur la tête des porteurs, traversent le grand jardin rectiligne.

Le Sultan, par une preuve spéciale de bienveillance, a bien voulu nous accorder deux audiences de congé. Il a tenu de plus à faire expérimenter en notre présence les curieux appareils scientifiques qui, sous la direction de notre savant compagnon, le docteur Tacquin, ont été installés dans le palais impérial.

La veille du jour où nous allons quitter sa capitale, Sa Majesté nous délègue un envoyé qui nous présente les cadeaux offerts par elle aux membres de la mission belge. Je reçois avec reconnaissance un sabre à lame ornée d'or : la poignée est en corne de rhinocéros, le fourreau en émail et velours violet : une épaisse ceinture en cordons de soie rose sert à l'attacher, et le tout est enfermé dans un écrin de bois de cèdre. On m'amène ensuite un très beau cheval gris de trois ans, avec selle, housse et bride à lourdes broderies d'or. A M. Serruys, au capitaine Denis et au vicomte Jolly échoient de fort jolis sabres ; au docteur Tacquin, un cheval avec selle et bride ; à M. Grimard, de superbes tapis, des étoffes et un poignard. Le personnel inférieur de la mission n'est pas oublié : de l'argent et des pièces de drap sont distribués à profusion.

Il y a six semaines que nous sommes entrés à Fez quand, le lendemain, nous quittons la maison de l'ambassade pour reprendre la route de Tanger. Au moment où notre long cortège s'engage sous la porte massive appelée *Bab Segma* et débouche dans la campagne, une masse sombre, à nos pieds, barre le sable jaune : c'est une mule couchée, immobile, au milieu du chemin. Des planchettes de bois maintiennent sa jambe cassée. Elle achève de mourir...

J'écris les dernières lignes de ces souvenirs à Grenade, dans l'enceinte même de cet Alhambra légué par les ancêtres des Maures de Fez à l'admiration de la postérité. Avec les clefs de la forteresse, les vaincus abandonnèrent à jamais sur la terre d'Europe cette brillante culture d'art et de science qui fit pâlir la gloire du Califat de Cordoue. Ce ne fut pas seulement le soupir d'un roi détrôné, mais celui d'une civilisation tout entière qui s'exhala — telle une flamme mourante — dans l'adieu suprême de Boabdil.

FIN.

RÉCEPTION CHEZ UN VIZIR.

UN BANQUET CHEZ LE SULTAN.

Les appareils électriques installés au Palais Impérial
par le Dr Tacquin.

La remise des cadeaux du Sultan.

TABLE DES MATIÈRES.

9 782329 772455